음악이 있는 곳에

음악이 있는 곳에

박선옥 두번째 수필집

도서출판 문심

| 작가의 말 |

  수필은 나에게 있어 시와 더불어 삶의 요람입니다. 이제는 꿈을 노래하는 시인을 넘어, 삶의 흔적을 이야기에 담아 의미 있고, 가치 있는 수필가로 영원히 죽지 않고 사는 문학인으로 남고 싶습니다.
  책 제목을 『음악이 있는 곳에』로 정한 것은 '감사는 마음속 음악이다' 라는 저의 생활 철학을 실천하고자 함입니다. 음악이 있는 곳에는 낭만이 있고, 행복이 있다고 믿습니다. 항상 긍정적인 생각을 갖고 살아가고 싶습니다. 이번에 펴내는 『음악이 있는 곳에』가 아무쪼록 독자에게 새로운 시야를 넓혀주고, 깊은 감동으로 다시 읽고 싶은 책이 되기를 희망합니다.

'단 한 사람이라도 자기 글을 알아주는 사람이 있으면 세상을 바꿀 수 있을 것'이라는 다산 정약용 선생의 말씀처럼 이 책에서 단 한 편이라도 읽는 분에게 잔잔한 감동과 재미를 줄 수 있다면 필자로서 그 이상 바랄 것이 없겠습니다.

이 책의 발문을 맡아주신 송운 선생님과 출간에 격려를 주신 부산문학인협회 회원님과 세존사 불자님께 감사드립니다. 끝으로 항상 나에게 힘을 주는 우리 가족 모두에게 고마움을 전합니다. 구듭을 끼치게 되어 죄송한 마음으로 인연 닿는 모든 분들에게 도거리로 인사드리오며 이 책을 바칩니다.

갑진년 여름 광안동 사무실에서
수라 박선옥 합장

| 차례 |

1부

13　참, 기분좋고 행복한 자산

18　미소가 있는 하루

23　마음에 담아두고 사는 길

27　라일락 단상

32　초여름 숲에서 들찔레순을 바라보며

35　손편지를 쓰고 싶은 날

40　두 갈래길

수필
음악이 있는 곳에

2부

47　왈츠 한 곡 추실래요

52　감사는 마음속 음악

57　재즈음악의 비밀

62　그래도 인생은 계속된다

67　비목 노래를 부르며

72　음악이 있은 곳에

77　비둘기와 라팔로마

| 차례 |

3부

85　(배우) 강효실

90　(배우) 정한용

95　(영화) 졸업

101　(영화) 쉘위 댄스

106　(영화) 이티

111　(영화) 사운드 오브 뮤직

116　(영화) 초원의 빛

수필
음악이 있는 곳에

4부

123 시부모님과 함께한 여행

128 어머니의 손재주

131 바위처럼 살다가신 부모님

135 윤슬담은 햇살에 눈을 뜨는 햇잎처럼

140 가을 향기

144 우즈베키스탄 여행기1, 2

158 밀양 위양지를 찾아서

| 차례 |

5부

165 고통을 이겨내며

169 인간의 욕망과 중도적 삶

174 펜데믹 세상

177 참된 우정과 믿음

182 향기와 냄새

187 먼저 잘해주기

191 말벌 사냥꾼 '벌매'

198 발문 : 차달숙

1

참, 기분좋고 행복한 자산

미소가 있는 하루

마음에 담아두고 사는 길

라일락 단상

초여름 숲에서 들찔레순을 바라보며

손편지를 쓰고 싶은 날

두 갈래길

참, 기분 좋고 행복한 자산

　미국의 유명한 성공연구가 지그지글로는 벼룩이 훈련법을 연구해낸 사람이다.
　우리가 알다시피 벼룩은 점프에는 천재적인 소질을 가졌다. 그는 이런 벼룩을 병에 담아 놓고 뚜껑을 덮어 놓았다. 병 안에 갇혀있는 벼룩은 기껏 뛰어봤자 그의 한계가 병뚜껑인 것을 느끼게 된다.
　'아, 내 능력이 바로 이것뿐이로구나' 하고 자기 능력 한계를 제한시켜 버린다. 그 후에 그는 병뚜껑을 슬며시 열어 놓았다. 천정까지 뛰어오를 수 있는 점프의 왕자가 병뚜껑 이상을 뛰어오르지 못함을 발견해 냈다.

　인간 삶도 마찬가지일 것이다. 이 세상을 살아가노라면 예기치 않았던 벽에 부딪힐 때가 종종 있게 된다. 그때 몇 번쯤 도전하다가 '나는 못 배웠으니까 그렇지.' '나는 가진 것이 없으니 별것 있겠나,' '내게는 그런 것을 해결할 능력이 없는 모양이다.' 하는 등 쉽게 포기해 버리고 자기 앞에 가로 놓인 벽을 뛰어넘지 못하고 좌절해 버리는 경우가 있다. 그러다 인생 실패 가정실패 사업실패로 죽음의 문턱까지 갔던 사람이 많다. 그러다 생각을 바꿔 죽기 살기로 도전하여 위기를 극복한 성공 이야기를 보면서 용기를 얻는다.

이야기의 주인공은 시각장애인으로 음악 코치로 일하는 이소영 씨. 2006년 조선일보에 처음 소개된 내용이다.

초등학교 2학년 때 아버지는 하늘나라로 떠났고 언니는 지적장애인 그리고 자기는 선천 백내장으로 한쪽 눈은 실명, 다른 한쪽 눈은 고도 약시 그의 다른 이름은 시각장애인.

엄마는 홀로 두 딸을 키우면서 하던 작은 사업조차 실패하고 반지하 방에서 식당일, 허드렛일로 두 딸을 위해 몸을 아끼지 않고 하루 24시간을 일했지만 두 딸의 약값 대기조차 힘들었다.

어느 날 엄마는 약국에 가서 쥐약을 세 봉지 샀다. 그리곤 서울의 한 공원에 두 딸을 데리고 가서는 약봉지를 하나씩 끌어 내놓았다. "애들아 아무리 해도 너희들을 더는 키울 수가 없다. 지금 엄마 몸도 아픈데 만약 엄마가 죽고 나면 누가 너희들을 거두겠냐. 너는 보이지 않지 게다가 언니는 더 힘들지 우리 약 먹고 아빠 곁으로 가자."

그때 소영 씨가 "엄마, 안 죽으면 안 돼. 다시 한 번 생각해보자."라고 말한다.

죽자는 엄마와 죽지 않으려는 딸, 그날 집으로 돌아온 소영 씨는 눈이 없는 대신 귀가 있다는 사실을 알게 된다. 보이지는 않지만 들린다는 것이다.

우리는 있는 그것보다 없는 것에 더 예민해야 하며 가진 그것보다 많이 가지지 않는 것에 더 분노한다. 이것도 없고 저것도 없고 아무것도 없다고. 그러나 사실 자세히 나를 바라보면 없는 것보다 있는 것이 훨씬 많음을 알게 된다.

그날 이후로 소영 씨는 세상을 긍정적으로 바라보기 시작한다. 어릴 때부터 불 꺼진 예배당에서 피아노를 치고 예고를 거쳐 음악대학을 지원했으나 낙방, 그러나 2005년 한국예술종합학교 지휘과에 수석으로 입학한다. 그 후 그는 지휘자 과에서 성악과로 전과했다.

이소영 씨는 한국예술종합학교와 한양대 작곡과를 졸업하고 유학길에 나선다. 독일 만하임 국립음대 반주 과와 성악코치과를 최우수 졸업했다. 2002년 귀국해 음악 코치로 일하면서 그동안

100여 차례의 독창회 및 음악회 반주자, 오페라 코치로 활동하고 있다. 그녀가 참여한 주요 작품으로는 오페라 「마술피리」, 「세빌리아의 이발사」, 「신데렐라」, 「로미오와 줄리엣」, 「사랑의 묘약」 등이 있다. 현재 한양대와 한국예술종합학교에서 후학을 양성하고 있다.

기자가 물었다. "눈도 보이지 않는데 어떻게 지휘하며 어떻게 연습했어요." 그러자 소영 씨는 이렇게 말한다. "눈은 없는데 귀가 있다고요. 그래서 모든 악보를 외었죠. 음악을 CD로 듣고 소리로 듣고 모두 외웠어요.

소영 씨가 마지막으로 이렇게 말했다. "무척까지는 아니지만 행복해요."라고. 우리는 작은 행복을 무시한다. 다 가진 행복, 다 지닌 행복을 꿈꾼다.

작은 것에 행복해하지 못하는 자는 큰 행복에도 만족해하지 못한다. 여러분은 무척은 아니지만 지금 행복한가요.

우리는 훌륭하고 돈 많고 똑똑하고 잘생긴 부모도 있고, 나도 그 모든 것을 다 가져야 행복하다고 생각한다. 소영 씨는 없는 눈을 고민하지 않고, 있는 귀로 인생을 바꾼다. 우리는 있으면서 없다고 불평한다. 없다면 없는 것으로 고민하지 말고 있는 것으로 도전하자. 있는 것만으로 사용하자. 그렇지 않으면 있는 것조차 잃어버린다.

　계간 《文心》 멘토 S 선생은 그의 산문집 『내 고독의 무게』에서 다음과 같이 말했습니다. "사람들은 행복을 상대적 비교 판단으로 생각한다. 당신은 있는데 나는 없으므로 불행하다고. 나는 없는데 당신은 있어서 불행하다고. 만약 당신의 행복이 다른 이와의 비교에서 결정한다면 당신은 전혀 행복하지 않을 것이다. 행복한 사람은 모든 것을 다 가진 사람이 아니라 가진 것에 만족하는 사람이다. 또한 하고 싶은 일을 하는 사람이다. 그리고 갈 곳이 있고 오늘을 즐기는 사람이다."

　우리에게는 문단 행사에 갈 곳이 있고, 생각해 주는 사람 있고, 반갑게 기다려 주는 글 벗 친구들이 있습니다. 참, 기분 좋고 행복한 자산입니다.
　소망하는 생각을 바꾸어 봅시다. 그러면 세상이 바뀌고, 인생이 바뀔 것입니다.

미소가 있는 하루

가까운 지인이 핸드폰으로 글을 보내왔습니다. 책이 귀하던 시절, 이야기에 목말랐던 시절을 생각하면 요즈음은 읽을거리가 넘쳐납니다. 지금은 이야기와 정보의 홍수 시대에 살고 있습니다. 지인이 보낸 글 중에서 아홉 고개 이야기가 있었습니다. 홍수가 났을 때일수록 마실 물이 귀한 법인데 의미 있고 유익한 글이었습니다.

먼저 수수께끼 퀴즈 문제입니다.
그것은 내가 주어서 없어지지 않고 받는 사람을 부유케 합니다. 그것은 잠깐밖에 없더라도 그 기억은 영원할 수가 있습니다. 그것은 금은을 주고도 살 수 있는 것이 아닙니다. 그것은 어떻게 빌릴 수도 없습니다. 그것은 훔칠 수도 없습니다. 그것은 나눌수록 평화의 영역이 넓어집니다. 그것은 먼저 건네면 메아리처럼 되돌아옵니다. 그것은 돈 들이지 않고, 힘들이지 않고, 시간 들이지 않는 화장입니다. 그것은 동물 중에서 인간만이 유일하게 지을 수 있는 것입니다.
 이 아홉 고개의 비밀은 무엇이라고 생각합니까?

 정답은 미소였습니다. 미소는 소리 없이 빙긋이 웃음 또는 그런 웃음입니다. 웃음은 웃는 일. 또는 그런 소리와 표정을 말합니다. 존재하는 모든 것에 대한 긍정의 신체적 형식, 즉 디오니스적 긍정의 표현입니다.
 미소는 오로지 인간만이 만들 수 있는 요술입니다. 이 요술은 모든 사람을 기분 좋게 하고, 모든 사람을 평화로움으로 만듭니다. 이 요술은 모든 사람에게 불안을 없애주고 마음의 여유를 갖게 합니다. 이 요술은 사람만이 부릴 수 있는 요술입니다.

 여러분은 하루중에 얼마나 이 요술의 미소를 지으면서 살아갑니까. 여러분은 하루중에 얼마나 이 요술의 평화로써 살아갑니까. 생각해보면 우리 인간의 삶은 쉬움보다는 어려움이 편안함보다는 역경이 더 많은 것을 느낍니다. 평화의 마음보다도 어두움의 마음이 더 많은 것을 느낍니다. 하루하루의 우리의 삶을 생각해보더라도 기분이 좋고, 마음이 늘 여유가 없는 상태로 지낼 때가 더 많은 것을 생각합니다.

우리 자신들은 하루의 생활 속에 얼마나, 몇 번씩 미소를 지으며 살아가는지 생각해보고 싶습니다. 미소가 있는 하루는 우리의 삶을 그만큼 행복으로 만들어 갈 것입니다.

우리의 미소는 우리 주변을, 우리의 삶을 그리고 그 무엇보다도 우리 각자의 마음을 아름다움으로 변화케 할 것입니다. 미소는 또한 사랑의 한 방법이라고도 할 수 있습니다. 미소만큼 사랑의 방법은 없을 것입니다. 마음속에 미움과 증오가 있을 때 결코 미소는 피어날 수 없을 것입니다.

증오와 미움이 있을 때 일어나는 것은 미소가 아니라 냉소일 것입니다. 냉소는 우리 의 삶을 아프게 하지만 미소는 아름답게 합니다. 미소가 있는 나라, 미소가 있는 마을, 미소가 있는 가정, 미소가 있는 마음은 정녕코 우리의 마음을 항상 환하게 해 줄 것입니다. 미움을 사랑으로 극복하는 한 방법이 미소가 아닌가 하고 생각합니다.

미소가 무엇보다는 주는 것이라고 할 수 있습니다. 돈을 들이지 않고 타인에게 줄 수 있는 가장 값진 보물이 미소일 것입니다. 미소는 그래서 사랑의 봉자자이기도 합니다.

어느 수녀원에서 이런 일이 있었습니다. 그 수도원에서는 다른 수도원과 다른 일이 하나 있었습니다. 일반적으로 나이 어린 수도자들이 봉사합니다. 그 수도원에서는 언제나 나이가 가장 많은 수도자 한 분이 식탁에서 봉사했습니다. 식사 전에 식탁에 수저와 젓가락을 놓았고, 식사 중에 물그릇을 날랐습니다. 식사 후에는 언제나 당번이 아닌 날에도 그릇을 닦았습니다. 젊은 수도자들이 미안해하면 그 수도자는 항상 아무말도 하지 않은 채 미소만을 빙그레 지었습니다. 수도원에서는 그 수도자를 빙그레 수도자라고 불렀습니다. 언제나 그 미소는 빙그레였습니다.

누구든지 그 수도자만 보면 기분이 좋았습니다. 화가 난 수도자도, 기분이 언짢은 수도자도, 외로움이 다가온 수도자도 빙그레 수도자만 보면 마음이 풀렸습니다. 어느 날, 어느 젊은 수도자가 물었습니다. "빙그레 수도자님, 어떻게 당신은 날마다 그 미소를 지을 수 있습니까. 빙그레 수도자가 대답했습니다. 나는 힘 안 들이고 사랑하는 방법을 알고 있습니다. 제가 미소를 주어서 싫어하는 분을 본 적이 없습니다. 그리고 이제 늙고 병든 제가 이 수도원에서 할 수 있는 것은 이 미소뿐이지요." 그 후 그 수도원은 더욱 아름다운 사랑의 향기가 있는 곳으로 되어갔습니다.

우리는 미소가 있는 한 아름다운 삶의 향기를 가질 수 있습니다. 우리 삶의 향기는 미소를 통해서 타인에게 전해집니다. 나의 미소 한마디는 어둡고 그늘진 마음을 밝고 환하게 비추어 줄 것입니다. 또한 슬프고 아픈 마음을 치유할 수 있는 귀중한 명약이 될 수 있을 것입니다. 내가 가진 사랑의 명약인 미소를 사랑하는 마음들로 가꾸어 가면 슬픔은 가고 기쁨이 올 것입니다. 어두움은 가고, 밝음이 올 것입니다.

마음에 담아 두고 사는 길

사는 게 너무 힘겹다는 생각이 드는 날이 있습니다. 이런 때 문득 짐을 싸서 떠나고 싶은 길 하나 있으면 좋겠다고 생각합니다. 그렇다고 준비하고 계획 수립에 많은 시간이 필요하지도 않습니다.

그러므로 복잡한 장비를 많이 꾸려야 하는 길이 아닙니다. 내 몸, 내 마음보다 더 무거운 배낭을 등에 지고 긴장하며 출발하는 여정도 아닙니다. 물 한 병 과일이나 오이 한 개, 손 잡히는 곳에 있는 초콜릿 하나 가방에 넣고 훌쩍 떠날 수 있는 길을 생각합니다.

언제부턴가 자꾸 어긋나고 있다는 생각이 드는 날, 돌아서면서도 나도 모르게 욕 한 줄 툭 쏟아져 나오곤 하는 날이 있습니다. 화를 다스리기 점점 어려워진다는 생각이 드는 날도 있게 됩니다. 이런 날은 나보다 다섯 배, 열 배나 큰 나무 들이 몇 시간씩 줄지어 서 있는 길을 생각합니다. 나무들이 사람들의 말소리에 귀를 기울이는 길이 그립습니다.
 초록으로 돌아오라고 손짓하는 길, 초록이 초록과 겹치며 짙어진 빛깔로 우리를 가려주는 숲길. 좀처럼 생긴 아카시아 꽃들이 오리 십 리씩 줄지어 서서 조그맣고 짙은 향기를 종소리처럼 울리고 있는 산길. 그런 산길 하나 가슴에 품고 살면 얼마나 좋을까를 생각하게 됩니다.

 어제도 사막의 모래 언덕을 넘었구나 싶은 날, 지치도록 걸었는데도 길이 보이지 않는 날이 있습니다. 오아시스는 보이지 않고 모래바람만 몰아치는 것 같은 날, 초조하고 불안하고 막막하기만 한 날도 있습니다. 이대로 가다가는 결국 쓰러지고 말 것 같은 날이 있었습니다. 이런 날 '그래, 거기에 가라' 하는 생각이 문득 솟구쳐 오르고, 거기에 가면 그래도 위로받을 수 있을 것 같은 숲길 하나 있으면 얼마나 좋겠습니까.
 내 말을 가만히 들어주는 이와 몇 시간씩 편안하게 걸을 수 있는 오솔길, 그 옛날 그 사람. 나무 뒤에 숨어서 배시시 웃으며 기다리고 있을 것 같은 길. 사는 같이 늘 오르막길, 가파르게 올라야 하는 길만 있는 게 아니라는 걸 알게 해 주는 산길. 바위에 앉아 땀을 닦으며 편안히 쉬어 갈 수 있는 길. 그런 길 하나 지니고 살면 행복하겠습니다.

개울도 바닥이 다 드러나 있지만, 빗줄기 쏟아지면 금세 풍요롭고 넉넉한 물줄기를 이루며 흘러가는 길, 우리 마음도 그처럼 메말라 바닥이 다 드러난 채 삭막해져 있는데 조금씩 물이 고이기 시작하는 게 느껴지는 길. 떡갈나무 잎에 빗줄기 내리면 평소 말이 없던 나뭇잎들도 말을 하기 시작하고 옆에 있는 잎의 어깨를 툭툭 치거나 몸을 아래위로 흔들면서 떠들기 시작하는 소리가 들리는 길. 그런 길 하나 가까이에 두고 살면 얼마나 좋을까 하고 생각합니다.

그런 길에서는 나뭇잎의 표정이 맑고 밝아지는 게 금방 보입니다. 길을 걷는 동안 내 안의 메마르고, 황폐해져 있는 길들도 촉촉하게 젖어오고 용암처럼 끓어오르던 것들도 천천히 식어가는 게 느껴질 것입니다.
그러면 비로소 발밑에 있는 작은 꽃들이 보이기 시작하고, 원추리꽃 한 송이가 아까부터 나를 쳐다보고 있다는 걸 알게 될 것입니다. 나만 외로운 게 아니구나, 혼자가 아니구나, 하는 생각이 들며 비로소 입가에 잔잔한 웃음이 번지게 될 것입니다.
우리에게도 단풍 드는 날 오리라는 걸 받아들이게 되는 서어나무 단풍 드는 길, 단풍 들어 붉고 곱게 물드는 날이 고마운 날이라는 생각을 하게 되는 길.

내가 세상 모든 일을 다 책임질 수 없고, 내가 해야 한다는 집념도 강박일지 모른다고 생각하며 잠시 쉬어 가는 길.

가끔은 삶의 속도를 늦출 필요가 있다고 생각하게 해 주는 삼나무 숲길도 좋겠습니다.

산꼭대기에 뜻밖에 맑고 깊은 호수 하나 있어 환호하게 하는 길. 내일은 꼭 가야 지 생각하며 사는 길, 한동안 못 간 게 마음에 걸려 이번 일요일에는 열 일 제쳐 놓고 가야지 생각하며 일주일을 견디게 하는 길, 그런 길, 그런 숲길 깊은 사람 하나 가슴에 품고 살면 위로가 되고 행복할 것 같습니다. 마음에 두고 사는 길 하나 가슴에 묻어두고 살고 싶습니다.

라일락 단상

아름다운 꽃들이 세상을 아름답게 수놓는 봄입니다. 얼어붙은 땅은 연한 푸른색으로 덮이면서 만물이 합창으로 노래하는 계절입니다. 아침 창문을 열면 라일락에서 풍기는 고혹적인 향기가 온 몸을 휘감아 올라옵니다. 나도 모르게 '라일락 연가'를 흥얼거립니다.

어느 작별이 이보다 완벽할까/ 어느 작별이 이토록 달콤할까? 오 라일락꽃이 지는 날 good bye / 너의 대답이 날 울려/ 안녕 약속 같은 안녕
[첫 번째 트랙 라일락 중에서]

10년간 열렬히 사랑하다가 봄이 지르는 탄성 속에 기쁘게 이별하는 한 여인의 이야기입니다. 라일락 향기 속엔 젊은 날의 추억이 서려 있고 그 노래 속에 젊은 날 뜨거운 맥박이 요동칩니다. 라

일락은 꽃이 피는 시기가 짧고 봄이 시작될 때 3주 동안만 꽃을 피웁니다. 이 꽃 종류는 20종이 넘는 것으로 알려져 있습니다. 4, 5월이 되어야 향기가 온 동네에 진동합니다. 라일락 학명은 쌍떡잎식물 꿀 품목 물푸레나뭇과 수수꽃다리 속의 식물, 리라 꽃으로 불렸습니다.

대롱 모양으로 피는 타원형으로 생긴 꽃잎이 네 갈래로 갈라져 있고 연한 보라색이나 자주색, 흰색 등을 띠고 있습니다. 꽃이 한 줄기에 여러 무더기로 피어나기 때문에 꽃 하나는 작아도 꽃들이 모여 있으면 제법 큰 무리를 이룹니다.

벚꽃과 개화 시기가 비슷하고 꽃이 아름다우며 향이 좋습니다. 아파트 단지나 공원에서 벚꽃나무와 마찬가지로 관상수로 심기도 합니다. 우리나라에서 뭉뚱그려 수수꽃다리라고도 부릅니다. 정확히 이 수수꽃다리는 한국 자생종이고, 라일락이라 부르는 것은 유럽 남동부의 발칸 반도 등지가 원산지입니다. 우리나라에서 자생하는 털개화 나무를 미국으로 가져가서 개량한 것을 역수입해 온 미스 김 라일락도 있습니다. 미스김 라일락은 라일락 품종 중 가장 인기가 많습니다.

모든 꽃에는 다양한 의미가 있는 것으로 알려져 있습니다. 때에 따라 적합한 꽃을 선택하려면 그 의미를 아는 것이 중요합니다. 라일락꽃에서 가장 중요한 의미는 사랑입니다.

라일락 꽃잎은 첫사랑, 젊은 날의 추억, 우정입니다. 또한 라일락꽃 색깔에 따른 꽃말이 있습니다. 보라색은 라일락꽃의 대표적인 색입니다. 보라색 라일락꽃을 받았다면 그 의미는 첫사랑이거나 사랑을 시작함을 의미합니다.

또한 짙은 보라색 라일락은 영적 삶과 관련이 있습니다. 분홍색 라일락 꽃잎은 사랑과 우정을 상징하므로 앞으로 친구나 연인과 많은 시간을 보내게 될 것임을 의미합니다. 흰색 라일락 꽃말은 순결과 순수를 상징하며 아름다운 맹세입니다. 흰색 라일락꽃은 일반적으로 결혼식장에 사용되지만, 출생 및 기타 중요한 행사에도 사용됩니다. 파란색은 행복과 평온을 상징합니다. 어떤 꽃에 대한 비밀 메시지를 발견하는 것은 항상 흥미롭습니다.

라일락꽃의 또 다른 의미는 자신감입니다. 그러므로 이 꽃은 친구나 파트너 사이에 훌륭한 선물이 될 수 있습니다. 라일락꽃은 봄에 피기 때문에 라일락꽃의 주요 의미 중 하나는 새로운 시작입니다. 또한 이 시기에 피기 시작하기 때문에 부활절을 상징하기도 합니다. 흔히 사람들은 라일락이 피는 순간이 봄이 늦을지 일찍 올지를 나타내기 때문에 라일락을 봄의 징조라고 부르는 경우가 많습니다. 러시아에서는 라일락 잔가지를 신생아 가슴에 대면 지혜를 얻을 수 있다고 믿는 사람들이 있습니다. 라일락은 부부의 결혼 8주년을 기념하는 공식 꽃이기도 합니다.

라일락꽃은 햇볕이 잘 드는 곳을 좋아합니다. 하여 나비의 나방 같은 많은 곤충은 생존하기 위해 라일락 식물을 의존합니다. 라일락꽃은 고급 화장품과 향수 만드는 성분으로 많이 사용됩니다. 라일락은 에센셜 오일로도 사용되기도 합니다. 이 오일은 피부 질환 및 세균 감염 치료제로 이용되기도 합니다. 또한, 라일락은 아로마 치료법으로도 유명합니다. 라일락 꽃향기는 이완을 촉진하고 우울증 증상을 퇴치하는 데 도움이 된다고 합니다.

라일락 잎사귀는 마주나기로 난 심장 모양을 하고 있습니다. 앞니로 잘근 씹어 보면 소태처럼 씁니다. 달콤한 향기에 달곰한 향기를 가진 라일락이 금계랍과 같이 쓴 잎사귀를 가지고 있습니다. 어느 시인은 이를 두고 첫사랑 맛이라고 읊었습니다. 숱한 청춘 남녀들이 달고도 쓴 첫사랑 비련을 노래하고 울고 웃기도 합니다. 신은 라일락에 달콤한 향기만 줄 수 없었기에 쓴 잎을 함께 주었다고 생각합니다. 누구나 젊은 날 노트에는 향기로운 노래만 있었던 것은 아닙니다.

라일락꽃이 전하는 비밀 메시지는 항상 사랑과 관련되어 있습니다. 온 마음을 다해 사랑을 받아들이고 그것을 즐기도록 동기를 부여합니다. 라일락꽃은 사랑에 집중하고 파트너와 가족 및 친구들과 더 많은 시간을 보내야 한다는 것을 상기시켜줍니다.

내일은 많은 비가 온다고 합니다. 거친 바람까지 섞여 몰아치면 저 연한 꽃잎은 속절없이 떨어질 것입니다. 그리고 부드러운 향기 또한 허공으로 흩어져 사라질 것입니다. 그러나 내년에도 라일락은 필 것입니다. 화려하진 않지만 수수해서 다정한 꽃, 그래서 더 진한 향기로 내년 봄에도 우리 마음을 채워줄 것입니다.

초여름 숲에서 들찔레순을 바라보며

5월에는 하늘빛이 그저 좋아서 열린 곳이라면 어디든 마음의 붓을 들곤 했는데, 이제는 그늘이 좋습니다. 완전히 숲으로 덮인 그늘도 좋고, 나뭇잎 사이로 빛나는 햇살이 들어와 반짝이는 그늘도 좋습니다. 6월 숲길에는 눈부신 햇살을 손 위에 올려놓고 헤아리는 즐거움이 있습니다.

6월이 오기 전에는 조금이라도 더 햇살과 함께 있고 싶어 숲으로 돌아갈 때마다 한 번의 하늘을 올려다보았습니다. 이제는 햇살을 피해 한걸음에 숲으로 들어갑니다. 시원한 그늘에서 반겨주는 바람은 나무 냄새가 묻어 향긋합니다.

특별한 취미가 없는 나로서는 가끔 산에 오르는 것이 낙입니다. 귀갓길에 6월의 그늘에서 쉼을 하다 들찔레 순이 한 뼘씩 올라오는 것을 보았습니다.

초록의 얼굴입니다. 들찔레 순이 올라와 들찔레 덤불이 완성되고 있습니다. 거대한 난필 같습니다. 우리 손자가 벽에 개칠한 흔적 같습니다. 그러나 그것을 조용히 들여다봅니다. 이 또한 애쓰고 있습니다. 가지에 가지를 얹고 더하고 있습니다. 가련하더니 기특합니다. 내 삶을 들여다보면 저렇게 치고 나아간 적이 별로 없습니다. 묵묵부답으로 삶의 고통에 대해 묵빈 대처하면서 나아가 본 적이 없습니다. 저렇게 삶을, 사람을 사랑해 본 적이 없습니다.

 그러므로 저 여름 찔레의 순을 소용돌이치듯 돌파해 나아가는 그 무엇입니까. 무소의 뿔처럼 홀로 나아갈 뿐입니다. 저 모든 생명의 순들은 그러므로 무릎으로 기어가는 생명입니다.

 여름은 모든 풀과 나무를 무성하게 자라게 함으로써 우리에게 일념에 대해 말합니다. 한결같은 것이 무엇인지에 대해서 용기백배한다는 것에 대해서 말합니다. 자신을 무릎으로 삼은 일에 대해 생각하게 합니다.

 지금 시작되는 여름은 조금의 빈틈도 없는 계절입니다. 한국의 선원에서 스님들이 하안거를 하는 모습 같습니다. 세 평의 방에서 하루 한 끼의 밥을 먹고 잠을 물리치며 화두를 붙들고 사는 선승의 기개를 여름은 보여줍니다. 모든 인간의 삶 앞에서 놓여 있는 큰 벽과 같은 장애를 부수어 버리는 것에 대해 여름은 말합니다. 은산 절벽을 무너뜨리고 여름은 나아갑니다. 여름은 헐우하게 하는 일이 없습니다.

삶은 누구에게라도 앞서 말해주는 법이 없습니다. 삶은 바다에서 갓 건져 올리는 한 뭇의 낙지 같은 것입니다. 어부가 그물에서 멸치를 떨쳐내듯이 우리는 우리의 우수와 불안을 펼쳐 내면서 살아가야 합니다. 다만, 걱정과 잡념을 떨쳐내는데 우리는 전광석화같이 해야 합니다. 우리는 전생과 같은 삶을 살아가면서 종군 작가가 되어 이생의 삶을 기록할 뿐입니다. 나도 당신도 예외일 수 없이 이 여름의 입구를 들어서고 있습니다.

여름은 무너진 자를 일으켜 세웁니다. 절망의 못에서 우리의 삶을 건져 올립니다. 여름은 처음도 끝도 없습니다. 진행되는 시간만 있습니다. 여름날의 저 들찔레처럼.

손편지를 쓰고 싶은 날

봄을 맞이합니다. 박목월 시인의 '3월로 건너가는 길목에서'를 떠올립니다.

2월에서/ 3월로 건너가는 바람결에는
싱그러운 미나리 냄새가 풍긴다(중략)

참으로/ 2월에서 3월로 건너가는/골목길에는
손만 대면 모든 사업이/ 다 이루어질 것만 같다 (중략)

봄은 색들의 잔치입니다. 붉은 진달래 노란 민들레 연분홍 살구, 흰 벚꽃 등. 흙 속에 풀 속에, 나무속에 이리 아름다운 색들이 숨어 있었다니 놀랍습니다.
색깔의 방천이 터져 온 누리 만화방창 색깔 손님 맞기에 바쁜 눈동자의 날들입니다. 알베르 카뮈의 '색은 희망이다.' 라는 글귀를 빌려 '봄은 희망이다.'라고 말해보고 싶어집니다.

　오늘 밤 나는 봄 편지 한 장을 쓸려고 합니다. 그런데 봄 자체가 누가 보낸 긴 편지 한 장 같으니 큰일입니다. 봄은 부드러우면서도 톡 토라지며 시샘도 하는 바람과 화려하면서도 따뜻함을 잊지 않은 꽃입니다. 달뜬 새소리 수놓인 봄 편지 그 봄 편지를 누군들 안 받고 누군들 온종일 안 읽어 보겠습니까.

　하오나 나는 누구에게 어떻게 봄 편지를 써야 할까 망설여집니다. 스무 살 시절의 나에게 편지를 써볼까. 지금의 떠나려는 나에게 써볼까. 복숭아꽃들은 평화롭게 성벽을 넘었고 동백은 계백이 꽃답게 장렬히 목을 끊고 붉은 카펫을 깔았다고 써볼까. 한 조각 꽃잎이 날려도 봄빛이 줄어들어 나도 술을 한잔해 보았다고 써 볼까. 부끄럽게도 봄날 내내 감기로 골골했다고 쓸까. 참 막막합니다.

　찬 바람이 부는 거리에 한 걸인이 쪼그려 앉아 있습니다. 그의 목에 '나는 앞을 볼 수 없습니다.'라고 적힌 팻말이 걸려있습니다. 바닥에는 동냥 바구니가 놓여 있습니다. 하지만 누구도 그를 눈여겨보거나 바구니에 돈을 넣어 주지 않습니다.

　한 남자가 지나가다가 돌아와서는 걸인 목에 걸린 팻말에 무슨 말인가 덧붙여 썼습니다. 그랬더니 사람들이 발길을 멈추고 그를 바라보았고, 바구니에 동전이 모여들기 시작했습니다. 바뀐 팻말의 문장은 이러했습니다.

"이제 봄이 오는데 나는 앞을 볼 수 없습니다." 이 문구를 고쳐 준 사람은 프랑스의 초현실주의 작가 앙드레 부르통이었습니다.

봄의 찬란한 생명력과 대비시킴으로 앞을 보지 못하는 걸인의 불행을 극대화한 데서 부르통의 작가적 기지와 감각을 엿볼 수 있습니다.

일상에서 마주치는 평범한 존재들도 어떻게 발견하느냐에 따라 경이의 대상이 될 수 있음을 보여줍니다.

부르통은 경이를 이렇게 정의했습니다. "경이는 언제나 아름다운 것이다. 경이로운 어떤 것도 아름답다. 사실은 경이로운 것만이 아름답다." 원래 아름다운 대상이 정해져 있는 게 아니라 무언가 발견해 낸 자가 느낀 경이로움에 의해서만 만물은 아름다워질 수 있다는 얘기입니다. 그런데 봄이 아닌 다른 계절이었다면 어떠했을까요. 그 정도로 강렬한 인상과 연민을 불러일으키지는 못했을 것 같습니다.

연이틀 계속 봄을 재촉하는 비가 내렸습니다. 대지와 나무와 풀이 그 비를 맞고 있었습니다. 뭇 가지에 물고기 알처럼 매달려 있던 은빛 빗물 방울들까지 쑥 들이마시고 있습니다. 나무들은 가벼운 포만감에 몸을 맡긴 채 흔들리고 있습니다. 그런데 가까이 가서 보니 이틀 동안 나무들이 가만히 비를 맞고 있었던 게 아닙니다. 줄기 맨 끝의 잔가지들을 닦고 있었던 겁니다. 나뭇가지만 제 몸을 닦은 게 아니라 빗물도 함께 가지를 문지르고 닦았겠지요.

빗물은 나무의 살갗만 닦아 놓은 게 아니라 안으로 들어가서 나무의 속살과 만나 인사하고 수다 떨고 돌아다녔지요. 흙으로 들어가 뿌리를 만나 잠들어 있는 것들을 깨운 뒤 물관을 타고 다니며 신이 난 빗줄기도 있었을 겁니다. 몸 안에 있던 나무의 생명은 봄비의 정령들과 만나 몸 구석구석에서 손잡고 입 맞추고 춤추었을 겁니다. 나뭇가지 이곳저곳에서 둘이 끌어안고 밤을 새웠을 겁니다. 나무 안에 있는 생명과 빗줄기 타고 내려온 하늘의 기운이 만나 사랑하는 동안 그 열기가 밖으로 배어나와 나뭇가지가 푸르게 반짝입니다.

비와 햇빛과 바람이 자꾸 꽃과 나무의 일에 관여하고 싶어 합니다. 꽃은 그래서 하늘의 관심과 땅의 대답이 아름답게 만나서 만들어내는 작품입니다. 그 예술작품이 가장 빛나는 때가 봄입니다. 그래서 봄에는 모든 생명에서 찬란한 빛이 뿜어 나옵니다. 얼굴에서 봄빛이 반짝이는 사람이 있습니다. 그의 안에 있는 충만한 기운이 그에게 내리는 사랑을 알아챈 사람입니다. 그는 다른 사람에게 따뜻한 기운을 주는 사람일 겁니다. 서로 아름다운 기운과 따뜻한 기운을 주고받는 것이 사랑이 아닐까요.

우리에게 봄이 과연 몇 번이나 허락될는지는 하늘만 헤아릴 수 있을 것입니다. 봄은 비록 가을과 겨울에 걸쳐있다 하더라고 마음은 늘 봄에서만 머물고 싶습니다. 햇빛과 비와 바람과 하늘이 꽃나무에게 그러하듯, 남에게 환한 빛으로 승화될 수 있는 그런 사람이고 싶습니다. 강원식 시인의 시「봄봄」이 마음에 와 닿습니다.

봄에는 모든 것이 아름답다./ 꽃도/ 나비도/ 햇살도/ 바람도
/그리고/ 내 옆에 있는 너도

나무의 잠을 깨우는 봄비 같은 사람, 봄 편지를 쓰는 아름다운 여인이고 싶습니다.

두 갈래길

 백두산 꼭 두기에는 천지라는 큰 못이 있다. 이곳으로부터 두 강이 흘러내린다. 하나는 압록강이요, 다른 하나는 두만강이다. 이 천지 속에 있던 물이 조금 서편으로 향하게 되면 압록강 물이 되어 서해로 흘러 들어간다. 그러나 조금 동편으로 향하여 흐르게 되면 두만강 물이 되어 동해로 흘러 들어간다.
 처음에는 다 같이 천지라는 한 못 속에 있었다. 그러나 며칠 후에는 한 물방울은 서해의 물이 되었고, 다른 물방울은 동해물이 되어 서로 위치가 달라진다.

 콩 형제가 있었다. 그들은 곡물 상회에서 다른 콩들 속에 섞여 있었다. 그러다가 어느 날 형 콩은 콩나물 장수한테 팔러 갔다. 주인은 그를 다른 콩들과 함께 어두운 통속에 앉혀놓고는 언제고 잠들기 좋게 따뜻하게 방을 데워주었다. 물도 먹고 싶을 때마다 먹여주었다. 부족한 것이라고는 아무것도 없었다. 형 콩은 아주 행복했다.

　동생 콩은 농부한테 팔려 갔다. 그 농부는 가난한 사람이었다. 그의 밭은 산비탈에 있었다. 그의 주인은 그를 햇빛이 내려다보이는 양지바른 비탈에 심었다. 밤에는 춥고 밤에는 더운 흙 속이었다. 물도 마음대로 먹을 수 없었다. 입이 터질 만큼 노력을 해야 겨우 갈증만 메울 수 있었다. 매우 고통스러운 환경이었다. 그러다가 조금 시간이 지났다.

　형 콩은 다 자라서 어느 주부에게 팔려 갔다. 그리고는 그 집의 하루 국거리로 그의 일생을 마쳤다. 동생 콩도 자랐다. 그러나 비록 어려운 환경에서 자랐지만, 동생 콩은 많은 열매를 맺게 되었다. 그리고 그다음 해도 씨앗으로 되어서 드디어 백배, 삼백 배의 열매를 맺게 되었다.

　우리는 역경을 만나며 살아간다. 그 역경을 어떻게 받아들이고 어떻게 사는가가 각자에게 달려 있다. 그리고 그 역경은 우리를 발전시키기도 하고 우리를 퇴보케 하기도 한다. 역경을 잘 받아들이고 그 역경을 잘사는 사람은 더 많은 축복이 있다. 그러나 역경 앞에 좌절하는 사람은 결코 축복을 받을 수 없다. 어떤 사람은 역경을 만나면 처음부터 주저앉고 만다. 그러나 어떤 사람은 그 역경을 걸림돌이 아니라 디딤돌로 삼고 더 높은 삶으로 도약한다.

이렇게 역경을 사느냐 거절하느냐의 두 갈래의 길이 있다. 그리고 그 각자의 길은 좌절이냐 축복이냐의 두 가지의 운명을 준다. 그리고 그 운명을 결정하는 것도 자신에게 달려 있다.

　우리의 삶은 항상 쉽고 편함만이 있는 것은 아니다. 역경이 우리 앞에 다가올 때 그것을 사느냐 마느냐의 길은 우리에게 달려 있다. 우리는 역경을 살 수 있고 극복하는 삶이 되어야 함을 본다. 편하고 쉬운 삶은 그만큼 후일 남겨주는 것은 없다. 그러나 역경은 반드시 그 고난의 열매를 맺게 해 준다. 순경은 순경으로 끝난다. 그러나 역경은 반드시 그 가치를 준다.
　우리의 삶이 고난에 차 있고 시련에 있다면 우리는 행복하다. 먼 미래에 반드시 그만큼 행복도 준비되어 있다는 것이기 때문이다. 역경 앞에서 좌절하지 않는 삶이 되기를 생각하고 있다.

　우리는 꽃을 매우 사랑한다. 꽃은 언제나 우리에게 기쁨을 준다. 꽃 중에서 가장 아름다운 꽃은 대개가 장미꽃이라고 말한다. 장미의 색깔도 다양하다. 빨강, 노랑, 분홍, 하양 등 이렇게 여러 가지의 꽃들을 보노라면 참으로 아름다움으로 우리의 맑지 못한 마음이 정화되는 것을 느끼게 된다.
　그런데 장미를 가까이서 가만히 보고 있노라면 우리는 중요한 사실 하나를 발견하게 된다. 장미는 수많은 가시로 몸이 이루어져 있다. 가시가 있는 장미가 어쩜 그렇게 아름다운 꽃을 만들어낼 수 있을까 하는 생각이 든다. 어쩌면 가시가 있는 까닭에 그렇게 아름다운 꽃이 있지 않을까 하고 생각한다. 가시 없는 장미는 없다. 가시 없는 장미는 순수한 장미가 아니다. 순수한 장미는 어떤 꽃이나 가시를 몸에 지니고 있다.

고통 없는 행복과, 슬픔 없는 행복은 없을 것이다. 전쟁 없는 평화는 없고, 아픔 없는 상처의 치유는 없다. 음지 없는 양지, 어둠 없는 빛, 언덕 없는 고원, 오르막길 없는 내리막길은 없다. 이별 없는 만남, 눈물 없는 웃음은 없을 것이다. 우리 삶에 어떻게 불행 없는 행복만이 있을 수 있겠는가.

인생은 고통과 어둠이 있으므로 인하여 기쁨과 밝음이 있다고 한다. 우리 인간은 언제나 절망과 좌절 속에 헤매기도 하지만, 어떤 상황에서도 희망이 있다. 다시 일어서는 용기가 있는 까닭에 우리는 다시 살아갈 힘을 얻곤 한다.

사막에는 항상 햇볕만 내리쬐는 까닭에 사막이라고 한다. 비도 알맞게 오고 목마른 가뭄도 있는 까닭에 또한 보람도 가치도 있는 것이 아닌가 하고 생각한다.

역경은 순경의 전주곡이며 역경은 순경의 안내등이라고 말하고 싶다. 우리 삶의 역경을 잘 극복하여 장차 다룰 순경의 때에 기쁨으로 웃을 수 있는 삶이 되기를 소망한다.

2

왈츠 한 곡 추실래요

감사는 마음속 음악

재즈음악의 비밀

그래도 인생은 계속된다

비목 노래를 부르며

음악이 있은 곳에

비둘기와 라팔로마

왈츠 한 곡 추실래요

문득 구금자의 「왈츠 한 곡 추실래요」가 생각났습니다.

KBS1 티브이에서 방영하는 황금연못에 출연한 81세 할아버지가 춤을 춥니다. 별명은 '할애 빅보이.' 그는 내가 춤추는 곳이 무대라고 했습니다. 미꾸라지 같은 유연성으로 고난도 문자 돌리기까지 자연스럽게 춤을 춥니다.

입 뗀 봄 꽃잎들
너울너울 여름 파도
모두가 3박자에 맞춰 노래하고 춤을 춰요

전생과 후생 사이
땅과 물과 하늘 사이

벌리거나 당기거나

마음 잠시 적신 뒤에

누구든 내민 손을 잡고 왈츠 한 곡 추실래요

　- 구금자의 「왈츠 한 곡 추실래요」

　　입춘이 지났습니다. 먼 산에 잔설이 녹고 논배미 사이로 제비꽃이 앙증하게 필 때쯤이면 어김없이 찾아와 강남 소식을 전해 주던 제비가 기다려집니다.
　　나무들은 부지런히 땅으로부터 수액을 빨아올리며, 곧 꽃과 잎을 만들 준비로 바쁜 시간입니다. 햇볕은 햇볕대로 바람은 바람대로 새봄을 준비하느라 또한 바쁜듯합니다. 햇볕이 따스하여 어렸을 때 친구들과 봄이 올 때쯤 담벼락에 기대어 햇볕을 쬐던 순간들이 생각납니다. 따뜻한 담벼락에 등이라도 기대고 싶은 날들입니다.
　　처마에는 눈이 녹아 낙수로 떨어지는데 그 처마와 집 담벼락 사이의 좁은 공간에 등을 기대고 선 동무들이 생각납니다. 나란히 서서 재잘거리며 웃고 떠들던 동네 아이들이 문득 보고 싶습니다. 바람보다 빠르게 삶은 지나갑니다. 그리고 늘 단순한 듯 하루가 지나갑니다. 그러나 같은 날 같은 순간은 단 한 번도 없습니다. 그래서 매 순간은 최상의 가치를 지닌 시간이 됩니다.

 입춘 날 아침에는 집 앞 메타세쿼이아 나무에서 까치가 울며 새롭게 시작하는 봄을 축복이라도 하듯 울었습니다. 힘들고 고단했던 나날들이 다 지나고 새로운 봄이 오니 그런 봄을 만나 새롭게 준비하고 꽃을 피울 준비라도 하라는 듯…
 위에 소개한 시구詩句를 접하고 올해는 즐거운 일로 왈츠를 추듯 즐거운 날들이 많았으면 좋겠습니다. 베토벤, 슈만, 베버, 슈트라우스 등의 작품이 춤곡의 전형적인 왈츠곡이라고 합니다. 무도를 목적으로 하지 않는 예술작품의 대표적인 작곡가는 쇼팽, 차이콥스키, 브람스, 라벨 등입니다. 그중에서도 쇼팽의 왈츠곡이 가장 많이 사랑받는다고 배우고 알고 있습니다.

 쇼팽은 왈츠도 놀랍도록 다채롭고 매혹적인 장르로 탈바꿈시켰습니다. 그의 왈츠는 춤을 추기에는 적당하지 않습니다. 템포 루바토가 많고 음악은 복잡하기 때문입니다. 사실 왈츠만 계속 듣고 싶은 생각은 들지 않을지도 모릅니다. 왈츠라는 곡은 강약이 너무 두드러지는 데다 대체로 분위기가 너무 비슷하다는 이유로 말입니다. 하지만 그건 실력이 떨어지는 작곡가들의 작품에나 해당하는 말이고, 쇼팽의 왈츠는 예외입니다. 변화무쌍한 모습은 놀라울 정도입니다. 가슴을 울리는 환희가 느껴지는 곡이 있는가 하면, 군악과 같아서 이름도 《화려한 대 원무곡》인 op. 18도 있습니다. op. 34는 변덕스럽고 op. 42는 춤곡의 가벼움이 잘 살아있습니다.

입 뗀 봄 꽃잎들
너울너울 여름 파도
뒹구는 가을 낙엽
하늘하늘 겨울 나비
모두가 3박자에 맞춰 노래하고 춤을 춰요!

이처럼 인간들이 인식하지 못하는 사이에도 자연은 저들끼리 자유롭게 왈츠를 추고 있습니다. 그들이 조화롭게 화합하며 노래하고 춤추며 살아가고 있는 모습이 아름답고 보기가 좋습니다. 그래서 변화도 쉽게 잘 받아들이며 순리대로 잘 돌아가고 있습니다. 인간만이 나약하여 조금의 변화에도 많이 놀라고 적응하지 못하는 것이 아닐까 하는 생각이 듭니다.

우리도 자연처럼 빠르게 적응하며 거기에 맞춰 노래하고 춤출 수 있도록 해야겠습니다. '누구든 내민 손을 잡고 왈츠 한 곡 추실래요.' 그렇게 내민 손이 내 앞에 올 수도 있고 당신 앞에 갈 수도 있습니다. 그랬을 때 네 "좋아요"라며 함께 어울려 빙글빙글 앞으로 왔다 뒤로 갔다 하면서 즐겁게 장단 맞춰 춤을 출 수 있다면 좋겠습니다. "안 돼요" "못해요"라고 한다면 내민 손도 무색해지고 그렇게 답한 자신도 옹색해질 것입니다.

  내 앞에 다가오는 모든 것을 긍정적으로 받아들일 수 있는 마음가짐과 또 그것을 당당하게 맞을 수 있고 함께 준비하는 한 해가 되면 좋겠습니다. 다가오는 운명 앞에 멋지고 보람 있는 한 해가 되도록 최선을 다하는 나 자신과 당신을 기대해 봅니다. 왜냐하면 인생은 우리가 마음먹은 대로 흘러가는 것이고 우리가 마음먹은 딱 그만큼만 행복해지기 때문입니다.

감사는 마음속 음악

    나는 음악을 좋아한다. 특별하게 어떤 장르를 고집하지는 않는다. 나이가 들면서 취향도 변하고 있다. 가요, 팝, 클래식 마니아도 아니고 전문가도 아니다. 집에서 홀로 즐기는 정도이다. 예전에 불교 합창단에서 단장을 맡으면서 소프라노 솔로를 하기도 했다. 이것이 내 음악경력의 전부이다. 지금은 부르기보다 듣기를 즐긴다. 부를 기회도 없지만 누가 지금의 목소리를 듣겠는가.

    요즈음 들어 대중교통을 자주 이용한다. 운전경력 35여 년 되어가지만 될 수 있으면 운전을 하지 않고 하루 만 보 걷기운동을 하고 있다. 여러 가지 운동을 할 땐 건강이 좋았다. 운동하지 않고 컴퓨터에 매달리다 보니 당뇨라고 하는 성인병이 오게 되었다. 세월 앞에는 장사가 없다는 옛말을 실감케 한다.

    듣는 것도 좋지만 음악은 주변의 소음을 막아주고 어떤 경우에는 잠을 자도록 도와준다. 어느 날 음악방송을 듣고 있었는데, '요한세바스찬 바흐' 음악이 소개되고 있었다.
 음악의 아버지는 바흐, 음악의 어머니는 헨델, 악성 베토벤, 천재 모차르트, 비발디, 슈베르트, 음악과 함께 방송에서 제목을 알려주지만 듣고 나면 바로 잊어버린다.
 그날 방송에서 음악과 함께 '바흐' 생전의 이야기를 소개하는 것이었다. 어느 날 '바흐'가 학생들 앞에서 자기 곡을 연주했다. 연주가 끝난 뒤 한 학생이 '바흐'에게 다가와 이렇게 말했다. 오늘 선생님의 음악 들으니 일주일간은 나쁜 짓을 못할 것 같아요. 이게 무슨 말인가. 음악을 들으면 감동하여 주먹을 불끈하기도 했고 가슴을 쓸어내리기도 한다. 하지만 일주일간은 나쁜 짓을 못할 것 같다니, 나는 충격을 받았다.

 나는 시를 쓰고 수필을 쓴다. 나에게 내 작품을 읽은 사람이 '선생님 오늘 선생님의 시를 읽고 나니 1주일 만이라도 행복하겠습니다.'라고 하겠는가.
 우리는 말한다. 오늘의 교육 효과가 며칠을 가겠냐고. 한 달, 보름, 일주일 아니 마치고 나가면서 바로 반납하지만 않아도 다행이라고 말한다.

 간혹 나에게 작품집을 받았던 이를 길에서나 다른 장소에서 만

날 때가 있다. 그 사람이 나를 단번에 알아보고 내 시와 내 수필이 좋았다고 말한다.

그저 예의상 하는 말인가 하면 시의 내용까지 외우며 칭찬할 때는 나도 모르게 입이 귀에 걸린다.

우리는 세상을 살아오면서 사람됨을 감동을 줘 본적이 얼마나 되는가. 일주일은 고사하고 잠시 잠깐이라도 감동하게 해 본 적이 있는가. 우리는 학창 시절 자그마한 일에도 짧은 글에도 감동되어 가슴이 먹먹했던 적이 많았다. 그런데 나이가 들고 세상살이에 시달리다 보니 어지간해서는 가슴에 기별조차 오지 않는다. 삭막해진 건지 속물이 된 건지 한심스럽다. 눈물은 고사하고 감동조차 없다.

감동할 일이 없음은 감동을 줄 일도 없다는 것이다. 한번 사는 인생, 감동 주는 삶으로 만들어 보자. 감동할 일도 잃어버렸는데 어떻게 감동을 주는가. 감동 주는 삶이 되려면 먼저 감동하는 훈련을 하는 게 순서일 것 같다.

들꽃에 감동하기, 무지개에 감동하기, 남편에게 감동하기, 친구에게 아직도 나는 할 말이 많다. 나부터 먼저 사람들에게 감동해야겠다. 라는 생각을 한다.

멘토 송운 선생은 '감동은 감사하는 마음, 감사의 생활에서 시작한다.'라고 말한다.

　사람이 태어남도 신비이거니와 사람이 산다는 것 자체가 기적이기도 하다. 한 그릇의 음식물을 먹어 그것이 소화하여 배설될 때까지 여정에서 잘못되면 죽을 곳이 200군데라고 한다. 그 모험을 치르고 나서 한 그릇의 밥이 소화되기에 이른다. 내가 살아있다는 사실이 어찌 감사한 사실이 아니랴.

　감사한 일은 모든 것 모든 시간 모든 곳에 도사리고 있다. 오직 이 고마움을 찾고 감사할 줄 아는 사람만이 감동하고 감동을 줄 일을 만들어 낼 수 있다.

　내 몸을 감싸주는 옷 그 색깔과 그 모양 이 모두가 감사합니다. 나에게 힘을 주는 음식 조금 전에 내 목을 축여줄 물 한잔, 이런 것에도 감사합니다. 추위나 더위, 바람과 비, 눈을 막아주는 집이 있음에 감사합니다. 내가 가고 싶은 곳으로 데려다주는 자동차, 내 얼굴을 스쳐 가는 바람, 가로수들 모두 감사합니다. 내 곁에 늘 함께하는 남편과 아들, 손자, 손녀에 감사합니다. 스승님의 은혜, 친구들 우정에 감사합니다. 어머니, 아버지 감사합니다. 이 같은 감사의 생활이 넘칠 때 이 사회는 훈훈한 인정이 넘치는 감동하는 사회가 될 것이다.

　감사는 마음속 음악이다. 세상에 지나쳐서 좋은 것은 감사밖에 없다. 아무리 들어도 싫증나지 않는 말 한마디는 '감사합니다' 이다. 감사하는 마음, 감사하는 생활 태도는 행복의 원천이다. 행복은 감사의 나무에 피는 꽃이다. 평화와 행복, 감동을 원하느냐. 그렇다면 우리의 가슴 속마음의 정원에 감사의 나무를 가꾸어야 한다. 감사심의 훈련과 함양은 감동의 가장 중요한 요소이며, 행복한 사회, 밝은 사회로 만들어져 가는 토양이다. 감사를 서로 주고받을 때 감동하는 사회를 만들어 갈 수 있다. 감사하고 감동 주고받는 마음은 건전하다. 그런 사회는 튼튼하다.

재즈음악의 비밀

　인류 탄생 이전에도 음악은 있었다. 자연의 소리.
　그러나 음악이라 부르게 된 것은 인류 탄생 이후부터이다.

　음악의 최초는 신을 향한 찬미와 경배였다. 창조자를 향한 사랑과 복종 그리고 두려움, 인간은 오로지 신만을 위하여 존재했고 신만을 생각했다. 나머지는 없었다. 목소리, 호흡, 눈빛, 생각까지도 신을 위해 존재했다. 신이 주신 생명, 우주, 목소리에 감사한다.

　음악의 목적은 창조주께 감사다. 그래서 소프라노 '조수미'의 목소리를 '신이 주신 목소리'라고 한다. 바로 종교음악이다. 내가 즐겨듣는 '그레고리안 성가'도 여기에 속한다. 그다음 음악의 출현은 일부 왕족과 귀족만을 위한 궁중음악이다. 자기네들은 신의 아래까지 올려두고는 음악을 자기네 소유물로 여긴다. 어쩌면 감춰진 신으로 행세하고 싶었는지도 모른다. 백성들은 먹고살기 어려운데 무슨 음악들을 여유가 있었겠는가?

하이든, 바흐, 모차르트 시대의 역사를 봐도 음악의 창작은 일부 높은 신분의 왕족과 귀족을 위해 작곡되었음을 우리는 안다. '아마데우스' 영화를 봐도 알 수 있다. 예쁜 부채 부치면서, 맛있는 음식 먹으면서 실내악을 즐기고 있었다.

그러던 음악이 대중적 교향악시대로 넘어온다. '앨빈 토플러'는 '제3의 물결'에서 대중적 교향악단과 대중음악은 산업혁명과 함께 나타난 것이라고 말한다. 그것도 역시 상류층만을 위한 음악이었다.

지금은 나 같은 사람도 바흐, 헨델, 모차르트, 베토벤을 들을 수 있지만 어린 시절만 해도 누가 클래식 음악을 쉽게 들을 수 있었는가.

특별한 사람만 듣는 음악이라고 여겼다. 라디오에서도 특정 프로에서만 취급하였고 또 나온다고 해도 알아야 듣지 못했다.

우리가 소위 말하는 고전음악古典音樂이다. 클래식 음악이 일반 대중화된 지가 불과 몇 년이 안 된다. 그 후 실제적 대중가요 시대에 이른다.

세 번째로 팝뮤직(POP Music, 인기 있을 만한 매력이 있는 음악)이다. 누구든지 따라 부를 수 있고 쉽게 들을 수 있는 음악. 일반인들의 슬픔을 달래고 대중의 마음을 대변하는 음악이다.
 대중들이 거부하면 소리 소문도 없이 사라지는 음악, 대중의 인기도에 따라 움직이는 음악, 대중을 위해 존재하는 음악 그래서 대중이 만족해야 한다. 어떤 노래는 몇십 년이 이어져 내려오고 어떤 노래는 나오자 빤짝 사라져 버린다. 대중은 냉정하다.
 마지막 네 번째 재즈 음악. 재즈는 대중만을 위하는 것이 아니라 음악가 즉 연주자까지 만족하는 음악이다.

 음악회 악보가 있으면서도 악보에 매이지 않고 룰이 있으면서도 룰에 매이지 않는 재즈. 서로서로 끝자락을 물고 자기의 색깔을 나타내는 음악. 그러면서도 서로의 색깔을 상하지 않고 그러면서도 나의 색깔을 나타내는 재즈. 함께 연주하면 어울릴 것 같지 않은데도 절대적 화음을 만들어 가는 음악이다.
 재즈(jazz)는 19세기 말 ~ 20세기 초 미국뉴올리언스아프리카계 미국인 사회에서 유래된 음악 장르로블루스와 래그타임에 뿌리를 둔다. 1920년대 재즈 시대부터 아프리카계 미국인과 유럽계 미국인의 음악적 토대 위에서 결합하고 연결한, 전통음악과 대중음악 사이에서 발전한 음악의 한 형태이다. 재즈는 스윙-블루 노트, 콜-응답 보컬, 폴리리듬, 즉흥 연주 등이 특징이다. 재즈는 서아프리카의 문화와 음악적 표현, 그리고 아프리카계 미국인 음악 전통을 잇는다.

리더십 경영 연구소 이명호 대표는 음악애호가이자 리더십 전문가다. 그는 음악을 기업과 연결해 분석한다.

첫째 종교음악이란 오직 신만을 위한 음악이다. 바로 사장 1인만을 위한 기업을 말한다. 기업의 주인은 사장이다. 사장의 마음대로 생각대로 움직이는 기업을 말한다. 근로자들의 생각은 존재하지 않고 사장의 생각만 존재하는 1인 기업, 독재기업.

두 번째 궁중음악. 왕과 일부 귀족만을 위한 음악.

바로 사장과 주주만을 위한 기업. 근로자의 입장보다는 일부 몇몇의 배부름을 먼저 생각하는 기업. 가장 실패의 확률이 높은 기업. 그러나 세상에는 이런 기업이 많다.

세 번째. 대중음악.

소비자가 기업과 상품을 선택하는 시대. 소비자의 눈 밖에 나면 그 기업은 사라지는 시대. 소비자를 존중하고 고객의 감동을 먼저 생각하는 기업.

소위 고객이 만족할 때까지 노력하는 기업.

마지막 네 번째. 재즈 음악.

재즈는 대중만을 위하는 것이 아니라 음악가 즉 연주가까지 만족하는 음악. 어떤 경우 악보도 없지만 서로가 음악 끝자락을 연결해서 연주하고는 다음 연주자에게 넘겨주는 음악.
 고객과 근로자가 함께 만족해하는 기업. 그것이 우리가 꿈꾸는 기업문화다.

 만족하는 연주자, 만족하는 대중 재즈 음악처럼 우리 기업의 문화도 높은 자, 낮은 자, 생산자, 소비자가 함께 만족하고 함께 기뻐하는 기업문화, 작업문화가 이뤄져야 한다. 먼저 생산 환경의 문화가 바뀌어야 하고 리더의 생각이 바뀌어야 한다. 근로자가 만족한다면 당연히 소비자도 만족할 것이다. 근로자도 소비자이기 때문이다.
 나라도 기업도 가정도 재즈 음악처럼 함께 즐기고 가진 것을 나누고 서로 소통하는 세상 만들어 가야 한다.

그래도 인생은 계속된다 (훌리오 이글레시아스)

 편한 마음으로 맞는 일요일 아침 시간. 오늘도 희망에 차고, 활기찬 하루를 열어보려고 평소에 좋아하는 음악 한 곡과 함께 아침을 연다. 훌리오 이글레시아스의 '나탈리'를 들으며 자리를 박차고 일어난다.

 훌리오 이글레시아스는 1943년 9월 23일. 스페인 마드리드에서 출생했다. 그는 스페인 최초의 젊은 산부인과 의사인 아버지와 스페인의 귀족 집안 출신이며 작가인 어머니 사이에서 부잣집 아들로 태어난다.
 유복한 집안이었으나 부모님의 바쁜 업무 탓으로 그다지 따뜻한 유소년시절은 아니었다. 유소년 시절은 교회성가대원 오디션에 지원한다. 그러나 그의 목소리를 들은 지휘자가 '그 목소리로는 무슨 노래를 하겠냐. 차라리 체격이 놓으니 축구를 하는 게 어때. 그 말 한마디로 이글레시아스의 인생길이 바뀐다.

이글레시아스는 레알 마드리드 유소년 축구단에 입단한다. 그리곤 골키퍼로서 미래를 기대하는 선수가 된다. 그리고 동시에 마드리드 대학교에서 법학을 전공하게 된다. 그러던 그의 나이 20세 가을 교통사고를 당한다. 목숨을 건진 것이 기적이라고 한다. 몸의 절반이 마비되어 그는 1년 6개월의 병상 생활을 한다. 20대 청춘의 나이에 온몸의 마비와 오랜 병상 생활은 죽음만큼이나 견디기 힘든 고통이었다.

아들의 사고 소식을 접한 아버지는 자신의 병원 문을 닫고 아들의 병간호를 자청한다. 병상에 누운 이글레시아스는 간호하는 아버지에게 소리를 지르며 불평을 한다.

"아버지. 제가 어쩌다 이렇게 되었습니까. 누가 저를 이렇게 만들었습니까. 이런 장애인으로 사느니 차라리 죽게 해 주세요."

그러나 아버지는 그런 아들의 불평과 아픈 탄식 앞에 "아들아. 그래도 인생은 계속된다."라고 말하며 아들을 격려했다.

긴 병상 생활 속에서 그는 라디오 듣기와 시 쓰기가 유일한 시간 보내기였다. 시의 주제는 대체로 슬프고 로맨틱한 내용이 대부분이었다고 한다.

병상 생활 중 그를 간호하며 도와주던 남자 간호사 '일 라디오'가 이글레시아스에게 기타를 선물한다. 무료함을 달래기 위해 받아 든 기타, 코드를 배우고 노래를 부르며 삶의 의욕을 키운다.

　기적처럼 그의 몸은 회복하고 대학에 복학을 신청하지만 이미 제적이 된 상태다. 그는 음악대학에 편입을 한다. 그리곤 이어서 영국 케임브리지 대학에 법학을 공부하고 변호사자격을 취득한다. 부자 부모에 명문 집안에 명문대 출신에 변호사까지. 이 정도면 누구나 부러워할 살만한 인생이다.

　그러나 그는 음악의 미련을 버릴 수 없었다. 1968년 스페인의 '베니 돔 국제가요제'에 출품을 한다. 자작곡인 'La Vita Sigual'로 우승을 하게 된다.

　이 노래 하나로 그는 단숨에 스페인을 넘어 유럽, 아메리카 그리고 아시아를 건너 세계적인 가수가 된다. 노래가 그를 바꾼 것이 아니라 그의 아픈 인생의 이야기가 그를 바꾼 것이다.

　'La Vita Sigual'이란 우리말로 ' 그래도 인생은 계속된다. life continues all the same.'이라는 말이다. 긴 병상 생활에서 지쳐 낙담 되고 슬퍼서 올 때마다 아버지께서 들려주시던 그말 '아들아. 그래도 인생은 계속된다.'

　인생의 끈을 놓고 싶은 병상의 생활 속에서 아버지가 들려주시는 노래와 같은 말씀이 그에게는 힘이 되고 삶이 되었다.

　그는 역사상 가장 위대한 라틴 가수로 다음과 같은 일화가 있어

더욱 유명해졌다.

　이집트의 故 사다트 대통령이 1970년 하반기쯤 사하라 사막을 시찰했다. 그러다 매우 어렵게 사는 유목민들을 만나게 되었다. 그들은 어려운 생활 속에서도 카세트 녹음기를 가지고 있었다. 특히 "훌리오 이글레시아스"라는 이름의 카세트테이프를 지닌 것을 자랑스러워하며 행복해했다.

　사다트 대통령이 "이 가수를 아느냐." 묻자 그들은 한목소리로 "알다마다요, 훌리오 이글레시아스" 라고 대답했다.

　스페인어로 노래하는 가수인데 노랫말이 무슨 뜻인지 아느냐는 대통령의 물음에 그들의 대답은 "모릅니다, 하지만 이 노래가 러브송인지는 압니다. 그러면 됐지, 언어가 무슨 상관있습니까."라고 대답했다.

　사다트 대통령은 "유목민들이 훌리오 이글레시아스는 알면서 마주 보고 있는 사람이 자기 나라의 대통령인지는 전혀 알지 못한 것 같았다."라고 세월이 지난 후 지인하고 얘기를 나누었다고 한다.

　얼마나 이글레시아스가 가슴으로 인생을 노래했든지 한번은 실제로 공연을 끝내고 대기실로 돌아왔을 때 젊은 부부가 찾아왔다. 찾아온 부인이 감사의 표시라며 다이아몬드 반지를 빼주었다. 이글레시아스가 깜짝 놀라자, 그녀의 남편이 말했다. "우리 부부는 별거를 생각했습니다. 그런데 오늘 밤 당신의 노래를 들으면서 우리는 마음을 돌렸습니다. 당신의 노래처럼 아름답게 살겠다는 징표니까 받아주십시오."

 이글레시아스의 노래는 사람의 마음을 열고 가정을 열게 했다. 우리는 오르막의 인생을 살기도 하고 때로는 내리막의 인생을 살기도 한다.
 그리곤 어느 날인가 '그래, 인생. 한 번쯤 살아볼 만한 거야'라고 고개를 끄덕일 때가 올 것이다. 우리는 아파도 힘들어도 산다. '그래도 인생은 계속된다.' 이 말은 이 세상 누구에게나 힘과 용기를 준다.

비목 노래를 부르며

지난 6.25를 기리기 위한 TV 프로그램으로 DMZ와 평화의 댐을 보여주고 있었습니다. 그곳에는 '비목공원'도 있었습니다. 백암산 무명용사의 돌무덤을 지키고 있는 십자 형태의 비목. 조국을 위해 죽어간 젊은이들을 기리기 위해 쓴 시로 만들어진 노래 바로 그 '비목碑木' 노래비가 있는 곳이었습니다.

초연이 쓸고 간 깊은 계곡
깊은 계곡 양지 녘에
비바람 긴 세월로 이름 모를
이름 모를 비목이여
먼 고향 초동 친구 두고 온 하늘가
그리워 마디마디 이끼 되어 맺혔네

궁노루 산울림 달빛 타고

달빛 타고 흐르는 밤
홀로 선 적막감에 울어 지친
울어 지친 비목이여
그 옛날 천진스러운 추억은 애달파
서러움 알알이 돌이 되어 쌓였네

녹슨 철모가 환영처럼 얹힌 비목을 보면서 나도 모르게 그 노래를 흥얼거렸습니다. 나라와 민족을 위해 목숨을 바친 분들을 생각하면 언제라도 마음이 숙연해집니다.

그분들은 나라 사랑을 말로 하지 않고 하나뿐인 목숨을 바쳤습니다. 그래서겠지요. 세 치 혀로 나라 사랑을 대신하는 이들을 보면 참 가볍다는 생각이 듭니다. 문득 프랑스가 자랑하는 여류철학자 시몬 드 보부아르가 생각납니다. 그는 만장일치나 구호를 남발하기 좋아하는 대중의 민주정치를 풍자하여 '시골 마을의 주민총회'를 발표하였습니다.

프랑스의 어느 조그만 시골 마을에서 주민총회가 열렸다. 낙후된 마을의 발전을 위해 주민들의 중지를 모으고 협조를 구하자는 것이 회의의 목적이었다. 한참 동안 갑론을박을 계속한 결과 주민 각자가 자기 능력껏 재산 일부를 희사하여 마을의 공동재산을 마련하자는 방안에 합의가 이루어졌다. 마을 대표의 주재로 각 사람이 차례로 구체적인 방법을 제안하고 주민 전체가 찬성하면 그 방법을 모두가 따르기로 했다.

제일 처음 나온 제안은 마을의 공동작업을 수행하는 데에 무엇보다 긴요한 것이 짐을 실을 수 있는 마차인데, 누구라도 자기 집에 두 대 이상의 마차를 가진 주민은 한 대씩 마을을 위해 기부하자는 것이었다. 그 자리에 모인 주민들 모두가 예외 없이 찬성하였기 때문에 이 제안은 만장일치로 가결되었다.

다음으로는 마차가 있으면 당연히 말도 있어야 할 터이니 주민 중 말을 두 마리 이상 가진 사람은 한 마리씩 기부하자는 안이 나왔다. 이 제안 역시 즉석에서 만장일치로 가결되었다. 마을 사람들은 이렇게 큰일이 척척 결정되는 것을 보면서 신바람이 났다.

그래서 이왕이면 말과 마차를 보관할 창고도 있어야 할 터이니 주민 중에 창고나 헛간을 둘 이상 가진 사람은 그중 하나를 내놓자는 제안이 나왔고 역시 만장일치로 가결되었다.

이렇게 일사천리로 마을 공동재산이 불어나던 중 그 마을에서 가장 가난한 주민이 머뭇거리면서 일어섰다.

"모두 재산을 아낌없이 내어놓기로 하는데 내게는 그런 재산이 없으니 부끄럽다. 그러나 나 역시 이 마을 주민의 한 사람으로 뭔가 마을의 발전을 위해 보탬이 되고 싶지만 내게, 있는 것이라고는 닭 두 마리밖에 없는 형편이다. 그러니 나는 두 마리 닭 중에서 한 마리를 희사하겠다. 부끄럽지만 이것은 내 재산의 반을 내놓는 것이다. 우리 마을 주민 중 나처럼 닭을 두 마리 이상 키우고 있는 사람들은 모두 닭 한 마리씩을 내어놓기로 하면 어떻겠는가. 말이나 마차를 내놓기로 한 마당에 닭 한 마리가 문제겠는가."

 이 제안에 대한 주민들의 찬성 여부를 물으면서 마을 대표는 문제없이 만장일치로 가결될 것으로 믿었다. 그러나 이제까지 말을 기부하자, 마차를 기부하자, 하는 제안에서는 만장일치로 찬성표가 나오던 주민총회에서 놀랍게도 겨우 닭 한 마리씩 기부하자고 한, 이 제안에 대한 찬성표는 제안자 자신의 것 한 표 밖에 나오지 않았다.

 왜 그랬을까, 그 마을 주민 중에 말이나 마차를 내어놓아야만 할 만큼 많이 가진 사람은 아무도 없었지만, 닭은 누구나 한 마리 이상씩 갖고 있었기 때문이다.

 그러니 자기가 내어놓을 필요가 없는 말이나 마차나 창고를 내놓자고 제안하고 찬성하는 것은 어렵지 않지만 정작 자기 닭을 내놓게 되는 제안에는 찬성할 수가 없었다.

 "군자는 행동으로 말하고 소인배는 혀로 말한다"는 옛말이 있습니다. 말 없는 희생은 바위산처럼 무겁습니다. 하지만 말 뿐인 희생은 검불처럼 가볍습니다. 아무리 말을 그럴듯하게 해도 말뿐인 희생과 사랑은 맹물과 빈 수레일 뿐입니다. 말로 만든 빈 수레로는 돌멩이 하나 나를 수가 없습니다.

보훈의 달을 맞아 괜한 나라 걱정을 해 봅니다. 조국을 위해 목숨을 바쳐 희생한 호국영령들에 대한 묵념을 올리며 비목 노래가 전하는 역사적 교훈을 되새겨봅니다.

음악이 있는 곳에

설날 아침이다. 지인이 20여 년 전 한국인이 가장 사랑했던 추억의 로스델리오 댄스곡을 톡으로 보내왔다. 「마카레나」 음악은 경쾌한 댄스곡으로, 로스델리오라(강에서 온 사람)라는 듀엣이 불러서 폭발적인 인기를 얻은 곡이다. 스페인 출신인 안토니오 로메로와 라파엘 루이스는 이 한 곡으로 일약 세계적인 스타로 떠올랐다.

마카레나, 너의 몸에 기쁨을 주어라
너의 몸은 기쁨과 좋은 것을 주도록 되어 있으니.
마카레나, 너의 몸에 기쁨을 주어라
에~ 마카레나
(반복)

마카레나에게 남자친구가 있다

그의 이름은 Vitorino인데
그가 군대에 가 있을 적에
그의 친구 두 명이랑 사귀었다
(반복)

이 노래가 1990년대 중반에 공전의 히트를 하게 된 것은 가사가 쉽고, 춤이 재미있고 경쾌하기 때문이다. 머리와 가슴과 엉덩이를 가볍게 흔들면서 추는 「마카레나」 춤은 누구나 쉽게 따라 할 수 있어 빠른 속도로 확산하였다.

당시 미국과 유럽에서는 아예 「마카레나 타임」이라는 것이 생겨났다. 「Now it's Macarena time」이라고 하면 모두 일어나서 춤을 추는 것이다.

「마카레나 타임」은 야구장, 농구장 같은 운동장은 말할 것도 없고 공원이나 동네 공터에서도 유행하더니 드디어 직장 내에서도 「마카레나 타임」이 도입되었다.

나른한 오후 시간에 커피타임 때 신나는 음악에 맞추어 「마카레나」 춤을 추고 나면 샐러리맨들의 기분이 상쾌해지기 때문이다.

지금까지 커피타임이 휴식 시간이었다면 「마카레나 타임」은 행복한 시간이라고 할 수 있다. 음악은 인간의 감정을 강하게 자극하기 때문에 「하트경영(HeartManagement)」의 중요한 수단으로 활용되었다.

   2000년대 이전에는 직장인들이 출근하면 조회 시간에 「사가社歌」를 함께 불렀다. 이는 애사심과 단결력을 고취하기 위한 것이다. 그러나 대부분의 사가社歌 가사 내용이 무겁고 리듬도 경쾌한 맛이 떨어지기 때문에 요즈음 신세대 취향에는 맞지 않았다. 따라서 일부 기업에서는 사가와 함께 테마송을 만들어 함께 보급했다.
   이 테마송은 마치 야구장에서 부르는 응원가처럼 경쾌하여서 상쾌한 기분으로 아침 일과를 시작할 수 있다. 은행이나 보험회사 영업소 같은 곳에서도 아침에 전투적 구호를 외치는 대신 밝은 노래를 합창하면서 일과를 시작하는 곳이 늘어났다.
   '노래 못하는 직장인은 성공할 수 없다' 라는 소리가 나올 법하다. 언젠가 한 기업의 사보에서 직장인 부인들을 대상으로 『남편이 가장 멋있어 보일 때는』이라는 질문을 했더니 『모임에 가서 노래를 멋지게 부를 때』라는 응답이 1위로 나온 것을 본 적이 있다. 이쯤 되면 나는 음치라거나 나는 바빠서라는 핑계로 음악을 멀리 하기는 어렵게 되었다.

   음악은 인간의 마음을 정화하고 고취하기도 한다. 생활의 활력을 가져오고 단체의 응집력을 높이기 위해 음악을 적극적으로 활용하면 좋겠다고 생각한다. 음악을 선택하는 데는 몇 가지 유의할 사항이 있다.

　무엇보다 노래가 신나고 누구나 따라 부를 수 있어야 한다. 음악은 경쾌한 것도 있고 무겁고 장중한 것도 있다. 신나는 음악은 몸과 마음을 유쾌하게 해 주기 때문에 생산성을 높여 줄 수 있지만 무거운 음악은 별 효과가 없다.

　노래는 박자나 곡조에 따라서 함께 부르기가 좋은 노래가 있는가 하면 어려운 노래도 있다. 직장에서는 명곡이나 클래식 음악만 고집할 것이 아니라 함께 참여할 수 있는 노래를 활용하는 것이 좋다.

　노래는 희망찬 가사가 좋다. 예를 들면 「쨍하고 해 뜰 날…」「내일은 해 뜰 날…」「내일은 새로운 바람이 불 거야」 이런 노래는 희망찬 가사이다. 그러나 「돈도 명예도 사랑도 다 싫다」라는 가사는 비관적인 가사다. 희망찬 가사는 생활에 활력을 주는 것은 당연한 이치다. 되도록 최신곡을 부르면 환경변화에 대한 적응력을 높일 수 있다. 해피송(Happy song) 그리고 해피타임(Happy time)이 있는 기업이 신나는 일터를 만들 수 있다. 이제는 음악이 경영자원인 문화경영 시대라는 인식이 필요하다.

　필자가 아는 불자佛子인 P 박사는 모진 병으로 2001년 대수술을 하고 2003년 재수술을 받았다. 의사에게서도 별 희망적인 소리를 듣지 못할 정도로 큰 병이었다. 처음에 낙담하다 기왕에 얼마 남지 않은 인생이라면 '신나게 살다 죽겠다.'라고 결심하고 아침저녁으로 노래를 불렀다. 특히 희망적인 노래를 많이 불렀다. 그중 가장 애창곡이 신묘장군대다라니 찬불가였다. 이 곡은 들을수록 신묘한 기분이 들면서 마치 명상에 잠겨 드는 듯한 묘한 감정을 일으킨다. 그는 지금 건강하게 활동하고 있고 오히려 의사가 신기하게 생각하고 있다. 음악이 있는 곳에는 즐거움이 있고 화합이 있다. 그리고 음악은 인간에게 활력과 생명력을 높여 준다.

비둘기와 라팔로마

 토요일 주말 아침, 손주와 가까운 바닷가인 광안리 해수욕장을 찾았다. 그런데, 지난 수년간 미처 보지 못하던 현상이 있었다. 비둘기가 광안리 해수욕장 백사장에 많이 보이기 시작했다. 물론 그전에도 있었는지는 관심 있게 보지 않아 모르겠다. 갈매기와 비둘기가 함께하는 풍경이 재미있어 한참을 바라보았다. 크기가 제일 큰 괭이 갈매기가 바닷가 맨 바깥쪽에 있고, 그다음이 최근에 보이기 시작한 예쁜 쌍꺼풀의 작은 갈매기다. 그리고 도로에 가깝게 형형색색의 비둘기가 서로 먹이 활동을 하고 있다.

 비둘기는 광장에 있지 않고 바다까지 와서 사람이 무섭지도 않은지 도망도 않고 새우깡이라도 달라고 조르는 듯했다. 덩치를 보니 마치 큰 수탉과 아기 병아리 같은 모습으로 지나가는 이의 눈길을 사로잡는다. 새들을 가만히 보다 보니, 문득 지난 여고시절 즐겨 들었던 '라팔로마'라는 노래가 떠올랐다. 당시 애창곡이었던 이 노래를 휴대폰 유튜브에서 찾아 들으면서 비둘기가 해변을 돌아다니는 풍경을 감상한다. 세상 참 많이 좋아진 느낌이다. 작은 비둘기 한 무리가 주는 짧은 감상에 옛 추억과 기억을 소환해 내며 손주와 바닷가에서 행복한 시간을 보낸다.

배를 타고 아바나를 떠날 때 나의 마음 슬퍼 눈물 흘렸네.
사랑하는 친구여 어디를 갔느냐. 바다 건너 저편 멀고 먼 나라로
天使와 같은 비둘기 오는 편에. 전하여 주게 그리운 나의 마음
외로울 때면 너의 창가에 서서 당신의 예쁜 노래를 불러 주게
아 아 키니타여 사랑스런 너 함께 가리니. 내게로 오라 꿈꾸는 나라로
아 아 키니타여 사랑스런 너 함께 가리니. 내게로 오라 꿈꾸는 나라로

라팔로마(La Paloma)는 '흰 비둘기'란 뜻으로 160여 년 전에 작곡되어 다양한 문화 속에서 다양하게 재해석 되어왔다. '세바스틴 이라디에르'(1809-1865, Spain)는 파리에서 프랑스 왕비의 음악 교사로 인정받은 작곡가로 전성기 시절 이 곡을 발표했다. 그는 1861년 쿠바를 여행하던 중 그곳의 하바네라(Habanera) 탱고 춤에 매료되어 작곡했다고 한다.

하바나 항구에서 떠나는 배를 배경으로 하여 비둘기에게 실려보낸 '섬 아가씨의 순정'을 그린 노래다. 그가 발표한 하바네라

곡曲 〈엘 아레글리토〉를 발표하였는데, 이것이 비제의 오페라 카르멘 속에 인용되면서 더욱 유명해졌다. 흰 비둘기에 실어 보낸 애절한 사랑 노래다. 원래 의미는 쿠바의 아바나 항구를 떠나는 배에 실려 보낸 비둘기를 통해 자신의 순정을 보내는 한 남자에 대한 구구절절한 연정을 표현한 가사다.

비둘기(pigeon)는 흔히 평화의 상징이라고도 하며, 특히 하얀 비둘기가 주로 평화의 상징으로 여겨진다. 그 이유는 매우 의외인데 2차 대전에서 이긴 연합군이 추축군 처리를 위해 여러 의사회를 개최하였다. 여러 가지를 제정한 도중 통신용으로 사용한 비둘기를 심벌로 그려 넣었고 UN이 일을 넘겨받고 평화가 목적으로 바뀌면서 연합군 의사회 심벌로 정리되었다. 이 평화의 상징이란 뜻이 조금 더 확장되었다. 평화를 주장하는 태도를 포함하는 정치적 온건파를 '비둘기파'로 강경파는 '매파'로 불리기도 한다.

비둘기는 머리가 작아서 멍청해 보일지 몰라도, 10까지 셀 수 있으며, 기억력도 굉장히 좋다. 심지어는 몬티 홀 문제 정답률이 사람보다 높다. 애당초 비둘기가 멍청했다면 전 세계의 번잡한 도시에서 이처럼 성공적으로 살아갈 수가 없다. 도시에 사는 비둘기들은 자동차나 자전거를 알아서 피한다. 사람들이 만들어 둔 시설물을 적극적으로 이용하는 능력을 갖추고 있다. 놀이도 상당히 좋아하는데, 가끔 도박에 빠지는 예도 있다. 놀랍게도 인간의 얼굴을 구별하는 능력이 있다. 매일 비둘기들에게 먹이를 주는 사람이 있을 경우 그 사람이 어떤 모자나 옷을 입고 있어도 알아보고 접근한다. 야생이 아니라 인간이 애완조로 기르는 경우, '돌아', '짖어' 같이 개에게 시킬 수 있는 건 대부분 비둘기에게도 시킬 수 있다.

최고 시속 112km를 자랑하며 이 속력으로 하루 10시간 이상을 날아 1,000km 밖까지 갈 수도 있다. 머리나 눈에 자성을 띤 물질이 있어 방향을 잃지 않을 수 있다. 북쪽을 향하는 곳의 색감이 달라져서 방향을 알 수 있다. 한마디로 진정한 의미의 헤드업 디스플레이라 하겠다. 내비게이션이 내장되어 있는 셈이다.

이 때문에 연락용으로 비둘기가 자주 사용되었다. 전서구로서 제1차 세계대전까지만 해도 군사용으로 쓰였다. 특유의 귀소본능과 장거리에도 지치지 않고 잘 나는 지구력 때문에 통신용으로 많이 활용되었다.

사랑과 평화의 상징으로 불리던 비둘기가 요즘 우리 사회에서 '혐오'의 상징이 되고 있다. 비둘기가 생성한 배설물이 길거리 미관을 해치고 있다. 이것저것 마구 쪼아먹는 비둘기의 모습에서 과거 사랑과 평화의 상징이라고 상상하기 어렵다는 여론이다. 환경부의 '유해 집비둘기 관리업무 처리지침'에 따르면, 집비둘기는 '야생 동·식물보호법'에 근거해 유해 야생동물로 지정돼 있다.

강한 산성을 띤 집비둘기 배설물은 건축물과 구조물 등을 부식시킨다. 흩날리는 깃털 때문에 주민들은 비위생적인 집비둘기에 대한 불쾌감이 높아졌다. 이로 인한 주민들의 민원도 늘고 있다. 지방자치단체는 자연에 가까운 환경에서 비둘기가 살아갈 수 있도록 고심하고 있다. 장기적인 해결 방안을 마련하여 인간과 비둘기가 공존하기를 바라는 마음 간절하다.

음악이 있는 곳에
박선옥 두번째 수필집

3

(배우) 강효실

(배우) 정한용

(영화) 졸업

(영화) 쉘위 댄스

(영화) 이티

((영화) 사운드 오브 뮤직

(영화) 초원의 빛

(배우) 강효실

　배우 최민수는 어려서부터 할머니와 함께 살았다.
　친모인 강효실을 찾아온 지 얼마 안 된 고3생이었다. 강효실은 드라마보다 더 파란만장한 삶을 산 여인이다. 그녀의 아버지는 강홍식으로 일제 강점기에 이름을 날리던 배우이자 가수였고 어머니는 눈물의 여왕으로 불리며 나라 잃은 백성의 곡비哭婢로서 민초들의 눈물을 씻어주던 명배우 전 옥이었다. 해방 직전 강홍식이 전옥과 이혼하고 아이들을 데리고 고향인 평양으로 감으로써 강효실은 어머니와 헤어졌다. 북한에서 배우 강홍식은 김일성도 존경할 정도로 명망이 높았다. 그런 아버지의 연기 지도아래 열여섯의 어린 나이에 평양국립극장 무대에 섰던 강효실은 6·25가 터지자 평양까지 진격한 국군을 따라서 단신 월남하였다. 어머니에 대한 그리움 때문이었다.
　당시 전옥은 백조가극단을 이끌며 남한 최고의 인기 배우로 군림하고 있었다. 피난지 부산에서 모녀는 감격적인 해후를 하였고 딸의 소망을 아는 전옥은 강효실을 극단 신협에 입단시켜 김동원, 황정순 같은 대배우들과 함께 무대에 서게 하였다.

강효실이 운명의 사나이 최무룡을 만난 건 영화, 주검의 상자에 같이 출연한 것이 계기였고, 전옥이 제작 주연한 영화 〈항구의 일야〉의 남자 주인공으로 최무룡이 캐스팅되면서 두 사람은 급속히 가까워졌다. 당시 강효실이 21세, 최무룡이 23세, 젊은 그들의 열정은 누구도 말릴 수 없었다. 둘은 전옥의 완강한 반대를 무릅쓰고 결혼에 골인하였다. 강효실의 표현을 빌면 그땐 눈에 콩깍지가 씌어 최무룡 이외엔 누구도 보이지 않았고 무슨 말도 들리지 않았다고 한다.

최무룡은 4대 독자였다. 속히 아들을 낳아 가문의 대를 잇게 하는 것이 아내의 도리라고 생각한 강효실은 그토록 좋아하는 연극도 포기하고 출산을 위해 정성을 쏟았다. 그러나 8년 동안 아이 넷을 낳았으나 모두 여아였고 그나마 첫째는 태어나자마자 저세상으로 갔다. 게다가 영화제작에 손을 댄 최무룡이 흥행 부진으로 많은 빚을 지게 되어 안팎으로 어려움이 많았지만 강효실은 결혼 10년 만에 그토록 기다리던 아들을 낳았다.

최씨 가문의 5대 독자 최민수의 탄생이었다. 그러나 기쁨의 순간도 잠시, 그녀의 인생을 뿌리째 흔드는 사건이 기다리고 있었으니 남편 최무룡과 김지미의 불륜 스캔들이 터진 것이다. 1962년 11월 31알 조간신문은 일제히 최무룡 김지미 간통죄 구속이란 제하의 기사와 함께 두 톱스타가 나란히 쇠고랑을 차고 웃으며 구치소로 향하는 사진을 실었다.

이 사진은 국내는 물론 해외 언론도 관심을 보여 미국의 타임지에 "한국의 록허드슨 최무룡 자유세계에서 더할 나위 없이 아리따운 미모의 여배우 김지미……"라는 가십 기사가 나갈 정도로 세계적인 화제였다. 강효실은 이미 돌아선 남편의 사랑을 도저히 되돌릴 수 없음을 깨닫고 주위의 권고를 받아들여 위자료 330만 원과 부채 78만 원을 배상받는다는 조건으로 고소를 취하하였다. 이로써 김지미 최무룡은 구속된 지 꼭 일주일 만에 서울 교도소에서 석방되었고 합법적인 부부가 되었다. 당시로써는 엄청난 거금이었던 위자료는 모두 통 큰 김지미가 부담하였다.

그때 생후 3개월의 젖먹이였던 민수는 친모 곁을 떠나 누나들과 함께 새엄마인 김지미 집으로 갔다.

이혼도 감당하기 힘겨운 데 아이들까지 생이별한 엄마의 흉중이 어떠했을까? 강효실은 수기를 통해 이때의 심경을 이렇게 술회하고 있다. 나는 죽는 일만 생각했다. 동맥을 끊으려 했던 게 세 번, 약은 수도 없이 먹었다. 그럴 때마다 나는 엉뚱한 사람의 도움으로 죽지 못하고 다시 살아났다.(중략) 이런 나를 구한 것이 바로 신앙의 힘이었다. 일로 고통을 잊으려 했든 나는 KBS 드라마 연극의 주인공을 동시에 맡아 연습에 열중하던 중 그만 의식을 잃고 쓰러졌다. 병원에 실려 갔을 때는 이미 호흡이 멈춘 상태였고 주위 사람들은 장례를 준비했다. 몽롱한 의식 속에서 생의 마지막 기도를 드렸다. 그런데 기적처럼 호흡이 돌아왔고 공처럼 부어올랐던 몸이 정상으로 돌아왔다. 이 일이 있은 후 나는 오로지 전도에만 매달렸고 신앙의 힘으로 영육靈肉 간의 고통을 극복할 수 있었다.

최민수도 부모의 이혼으로 혹독한 시련을 겪었다. 어머니와 이별한 후 어린 민수는 한동안 새엄마인 김지미 집에서 살았지만 다시 친가의 할머니에게 맡겨져 고아 아닌 고아가 되어 외롭고 힘든 어린 시절을 보냈다. 최무룡과 김지미는 결혼 7년 만에 파탄이 났다. 영화 제작실패로 인한 최무룡의 빚 때문이었다. 그는 부인에게 불똥이 튀는 것이 두려웠던지 "사랑하기 때문에 헤어진다."는 명언을 남기고 김지미와 결별 하였다.

그 후 나이트클럽 쇼에 출연하는 것으로 명맥을 유지하던 최무룡은 1976년 김지미 나훈아의 결혼 발표에 충격을 받았음인지 재미교포 위문 공연이란 명목으로 훌쩍 미국으로 떠났다. 거기서 교포사업가 주디 김과 결혼해 새로운 인생을 펼치게 됨으로써 아들 민수와의 연이 끊기고 말았다. 최민수가 친모와 같이 살게 된 건 이 무렵으로 모자가 헤어진 지 무려 16년 만이었다. 어머니의 기도 덕인지 가문의 내력 탓인지 민수는 대학 졸업 후에 어엿한 매부가 되었고 드라마 〈사랑이 뭐길래〉 등으로 꾸준히 인기를 쌓아갔다.

그리고 1995년 폭발적 화제를 모았던 미니시리즈 〈모래시계〉의 주인공 태수 역을 맡아 대중에게 강렬한 이미지를 심어줌으로써 최민수는 일약 톱스타의 반열에 오르게 되었다. 강효실은 아들 민수의 성공에 힘입어 오랜 셋방 생활을 청산하고 아들 내외와 함께 살며 모처럼 행복한 모습을 보였다.

그 후 오랜 세월 지속해 오던 긴장이 풀렸음인지 치매가 왔고 심장병도 재발하였다. 배우 강효실은 1996년 11월 2일 향년 66세를 일기로 파란만장했던 생을 마감하였다. 그토록 애지중지하던 아들 민수가 배우로서 최고의 전성기를 구가하는 모습을 보고 돌아가셨으니 행복하게 눈을 감지 않았을까 믿고 싶다.

(배우) 정한용

정한용은 경기고와 서강대 정치학과를 졸업하고, 진로를 놓고 고민하고 있었다. 어느 날, 탤런트 시험을 보러 가는 친구 응원차 따라나섰다가 덜컥 탤런트로 발탁되었다. 정작 탤런트를 간절히 원하던 그 친구는 떨어졌다. 얼굴도 연기도 뭐하나 내세울 것이 없는 자신이 탤런트가 되었다는 사실이 믿기지 않았다.

어쨌든 그는 1979년 동양 방송 (TBC) 23기 공채 탤런트로 사회 첫발을 내딛게 되었다. 그리고 데뷔하자마자 운 좋게도 주인공 역을 꿰찼다. 그것도 당대 최고의 인기 탤런트 장미희의 상대역으로 깜짝 발탁되었으니 정한용 자신조차도 놀랐다고 한다.
당시 일본 최고의 인기 여배우와 무명의 남배우를 주인공으로 내세워 남성들의 로망을 대리만족시킴으로써 큰 인기를 누린 '동경에서 가장 행복한 사나이' 란 일본 드라마가 있었다. 이를 모방하여 기획된 TBC의 '욕망' 이란 드라마에서 톱 탤런트 장미희를

여주인공으로 정해놓고 상대역을 할 무명의 남자 배우를 찾고 있었는데 거기에 딱 부합하는 인물이 정한용이었다.

엉겁결에 드라마 주인공이 된 정한용은 이때를 회고하며 방송 환경에 잘 적응이 안 되었고 연기도 미숙한 상태였지만 노련한 장미희가 리드를 잘해주어 근근이 버텨나갈 수 있었다고 한다.

첫 데뷔작인 욕망이 끝난 후 정한용은 회의감에 빠졌다. 운 좋게 탤런트가 되고 운 좋게 주인공을 맡게 되었지만 그런 운이 나에게 계속될 수 있겠는가. 더구나 노주현, 한진희 같은 미남들 속에서 내 얼굴을 가지고 배우 노릇을 할 수 있겠는가. 이런 고민 끝에 정한용은 용단을 내려 탤런트 생활을 포기하고 방송국 구성작가로 전업을 하였다. 얼굴보다는 글재주를 펴는 것이 자신에게 더 어울린다고 생각했다.

정한용은 〈젊음의 행진〉이란 오락프로의 구성작가로 일하고 있던 1981년 가을 무렵 KBS 최상식 감독에게 발탁된다. 1982년 일일드라마 〈보통 사람들〉에 출연하면서 드라마에 복귀했다. 최 감독은 "정한용이 첫인상부터 호감이 갔다. 무엇 보다 잘생기지 않아서 좋았고 좌중을 즐겁게 하는 그의 유쾌한 입담이 좋았다. 그날 이후부터 나는 정한용과 친해졌고 꼭 드라마에 복귀시키고 싶었다. 그와 같은 이단아가 드라마에 활력소가 될 것이란 생각에

서였다."라고 말했다.

어느 날 방송국에 한 부인이 찾아와서 최상식 감독과 면회를 청했다. 정한용의 어머니였다. 배우 노릇을 하는 아들이 걸맞지 않은 옷을 걸치고 있는 것 같아 간신히 말려 놓았는데 또다시 그 길로 돌아서는 것이 걱정되어 찾아왔다는 것이었다.

최상식 감독은 마음을 다해 그 어머니를 설득했다. "꼭 미남들만 배우를 하는 것이 아니다. 앞으론 아드님같이 지성을 갖추고 대중에게 호감을 주는 배우들이 주목을 받을 것이다. 나를 믿고 한 번만 더 봐 달라." 그 말을 듣고 정한용의 어머니는 겨우 안심한 듯 "감독님만 믿습니다"라는 말을 남기고 돌아갔다는 일화가 있다.

〈보통 사람들〉에서 정한용은 시청자들에게 두꺼비란 애칭으로 불리며 기대 이상의 인기를 끌었다. 당시 대한민국 최고 미남 배우로 불리던 한진희, 이영하, 강석우들과 함께 경합을 벌이면서도 그의 서민적인 체취가 오히려 시청자들에게 더 어필했다. 정한용이 금보라와 신혼생활을 하면서 앞치마를 걸치고 가사를 돕는 장면이 일품이다. 방송 사상 최초로 앞치마 입은 남자의 등장이라며 여성들이 열광했다. 이로써 정한용은 일등 신랑감 이미지를 쌓았다. 당시 여론조사 결과 결혼하고 싶은 남자 1위였고, 강석우는 연애하고 싶은 남자 1위였다. 〈보통 사람들〉 이후에도 〈사랑하는 사람들〉, 〈해 돋는 언덕〉, 〈욕망의 문〉 등에 출연했다.

〈욕망의 문〉은 1987년 3월 초에 시작되어 1988년 2월 말까지 만1년 동안 방영됐다. 일제 강점기에 쌀가게 점원으로 출발하여 훗날 재벌 총수가 되는 일차원적인 인물을 그린 드라마였다. 누가 봐도 현대그룹의 정주영 회장을 모델로 했다는 걸 알 수 있었다. 여기에 정한용이 주인공을 맡아 20대에서 70대에 이르는 한 인물의 변천사를 실감 나게 표현함으로써 그가 만만한 배우가 아니라는 걸 여실히 보여주었다.

〈욕망의 문〉은 정한용을 대스타의 반열에 올려놓았고, 행인지 불행인지 DJ와 인연이 맺어져 정계에 입문하는 계기가 되기도 했다. 1992년 대선에서 김대중 지지 연설했는데 당시 연예인 중에는 유일한 지지였다. 그는 권노갑의 부탁을 받고 지지연예인이 아무도 없는 DJ가 나름 불쌍해 보여 이 일을 수락했다고 한다. 그 후 미국 유학길에 올랐던 정한용은 1996년 김대중의 부름을 받고 새정치국민회의에 입당하여 15대 국회의원(서울 구로갑)이 되었다.

정한용은 DJ의 신임 아래 동교동계의 황태자로 불리며 한때 잘나가는 국회의원으로 성가를 높이기도 했다. 그러나 입바른 소리 잘하는 그의 성격 탓으로 인해 동교동계의 미움을 산 끝에 결국 퇴출당하고 말았다. 16대 총선예선 자민련으로 말을 바꾸어 타고 출마했으나 낙선했다. 정한용은 상처투성이가 된 채 정계를 떠났다.

정치의 쓴맛을 톡톡히 경험한 정한용은 2003년 SBS 드라마 〈흥부네 박터졌네〉를 통해 다시 방송계에 복귀하여 지금도 배우로 활동하고 있다. 그동안 쌓았던 이미지와 전혀 다른 악역도 마다하지 않으며 예전엔 거들떠보지도 않던 작은 역할도 기꺼이 맡는다. "연기할 때는 욕하는 사람이 없었는데 정치를 하면서 원도 없이 욕을 먹었다. 이제 배우로서든 인간으로선 다시는 욕먹을 일 없게 충실히 살아가련다." 이것이 복귀 시 정한용의 각오라고 한다. 아무튼 두꺼비 정한용이 펄 쩍 뛰어오르는 모습을 다시 한 번 보고 싶다.

(영화) 졸업

바이크 니콜스 감독 작품으로 1971년 꽤 오래전에 개봉했던 미국영화이다. 고등학교 졸업을 앞두고 보게 된 영화이어서인지, 음악에 매료된 영화이기도 하다. sound of silenace는 simon& Garfunkel의 화음으로 이루어진 주제곡은 언제 들어도 감동이다.

〈줄거리〉
영화는 벤자민 더스틴호트만 분의 졸업 축하파티로 시작한다. 대학을 우수한 성적으로 졸업하고 집으로 돌아온 벤자민은 부모를 비롯해 주변 사람들로부터 기대를 한 몸에 받고 있지만 정작 자신은 졸업 후 무엇을 해야 할지에 대해선 아무런 계획도 이상도 없다. 자신을 위한 파티가 열려 온 집안이 소란스럽지만 시큰둥하기만 한 벤자민에게 로빈스 부인(앤밴크로포드 분)이 등장한다.

막연하게 허송세월을 보내던 벤자민은 로빈슨 부인의 유혹에 넘어가 불륜관계에 빠져들고, 때마침 지방에서 대학을 다니던 로빈스 부인의 딸 일레인(캐스린 로스 분)이 돌아온다. 로빈슨 부인의 남편은 두 사람의 관계를 알지 못한 채 벤자민에게 일레인과 사귀어보라고 권한다. 그렇게 벤자민과 일레인이 점차 가까워지자 로빈스 부인은 질투에 눈이 멀어 딸에게 자신과 벤자민의 불륜관계를 폭로하여 이 모두가 벤자민의 강요 때문이었다고 거짓 고백을 한다.

엄마의 말을 믿은 일레인은 절망과 분노를 안고 학교로 돌아가 버린다. 벤자민은 일레인의 학교까지 쫓아가 보지만 로빈슨 부인의 끝없는 방해 공작으로 일레인은 냉담한 반응을 보일뿐이고, 결국 다른 남자와 결혼식을 올리기로 한다.

일레인의 결혼소식을 접한 벤자민은 자신에게도 목적이 생겼으며 무엇을 해야 하는지를 깨닫고 난생처음으로 자신을 위한 행동에 나서게 된다. 불굴의 집념으로 결혼식장을 알아내 그곳으로 달려가 일레인을 끌고 식장을 빠져나오는데 성공한다. 그리고 그 둘은 버스를 타고 어디론가 떠나며 영화는 끝이 난다.

■ 벤자민과 두 여인 (로빈슨 부인 & 일레인)
벤자민은 무기력에서 벗어나기 위해 새로운 것을 시도하고 그

것이 로빈슨 부인과 관계를 맺는 일탈이었다. 공허한 자신의 삶을 채워줄 하나의 탈출구였던 것이다. 그러나 이것은 굉장히 위험한 선택이며 또 다른 공허함을 만들 뿐이었다. 그러나 일레인을 만난 후 벤자민의 모습은 전과는 180도 달라진다. 로빈슨 부인을 '졸업'하고 일레인과 새 출발을 위해 자신의 모든 것을 바친다. 능동적으로 그녀를 갈망한다. 그런 변화는 일반적인 사랑을 넘어선 단계의 일레인을 위해서 모든 걸 바칠 준비가 됐기 때문이라고 생각 된다.

  일레인은 무기력했던 벤자민을 바꿔놓았고 벤자민은 일레인을 얻기 위해 모든 걸 바쳤다. 벤과 같이 도망치는 일레인. 그것을 보고 분노하는 하객들과 로빈슨 부인의 모습을 보며 관객들은 엄청난 카타르시스를 느낀다. 달리면서 보이는 행복해 보이는 두 표정은 관객으로 하여금 사이다를 느끼게 한다. 결국 그 둘은 종착지도 모르는 버스에 올라탄다. 하지만 사람들의 시선과 밀려오는 생각에 그들의 표정은 삽시간에 굳어버리며 떨떠름한 표정을 짓는다.

  '일단 결혼은 깨긴 했는데 앞으로 어떻게 살아가야 할지에 대한 현실적 고민을 하고 있는 벤자민과 일레인' 그들은 과연 지금의 관계와 상황을 끝내고 새로운 사랑으로 나아가는 그들만의 '졸업'을 할 수 있을까.

공허한 느낌을 주는 OST와 함께 마치 현실적인 고민과 질문을 갑자기 관객에게 던져버린다.

이 영화에서 졸업은 수많은 뜻으로 해석이 가능하다. 먼저 졸업은 시작과 끝을 동시에 의미하는 단어이다. 예를 들어 고등학교 졸업은 미성년의 끝이자, 성년의 시작이라 할 수 있고, 대학교 졸업은 학생의 끝이자, 사회인의 시작이라 할 수 있다.

이처럼 벤자민은 대학은 졸업했기에 학생 신분으로서 끝이 났지만 아직 무엇을 시작해야 할지 정하지 못한 방황하는 청춘에 비유할 수 있다. 벤자민이 무기력했던 이유는 여기에 있던 것 같다.

이는 오프닝 시퀀스에서부터 잘 드러나고 있다. 무빙워크를 따라 쭉 움직이고 있는 벤자민 그러나 그가 지나가는 것은, 아무것도 없는 흰 벽이고 그 또한 어떠한 감정의 변화나 행동을 보여주지 않고 있다. 이는 시간의 흐름에 따라 흘러가고는 있지만 분명한 성취나 행복이 없는 주인공의 심리를 묘사했다는 생각이 든다.

졸업을 했긴 했는데 앞으로 뭘 해야 할지 모르겠고 축하한다니까 고맙긴 하다. 그러나 도대체 뭘 축하하는 건지도 모른다. 부모님께서는 이런 자기 속도 모르고 무슨 이상한 잠수복 선물이나 하고 매일 잔소리만 한다. 이런 장면들은, 자식의 성공을 진심으로 축하한다기보다 자식을 통해 본인의 명예를 상승시키고자 하는 부모의 욕심을 단적으로 보여주고 있다.

　영화에서 벤자민의 마음이 변할 때 비가 쏟아진다. 로빈슨 부인보다 더 빨리 와서 말을 한다. 같은 물이라도 빗속에서 변화를 본다. 영화를 보면 한 여자와는 육체적인 관계를 하고 있고 비 맞고 와서 한 여자와는 정신적인 관계를 하게 된다. 이야기는 긴 장편소설을 영화로 압축하다 보니 비를 상징으로 전개를 한다. 빗속으로 로빈슨 부인보다 먼저 가서 일레인에게 이야기를 하게 된다. 벤자민은 수석으로 대학을 졸업하지만 인생을 살아갈 준비는 되어 있지 않았다. 영화 졸업은 벤자민 자신의 내면으로의 졸업을 하게 된다. 일레인과 결혼하겠다고 하자, 아버지는 어설퍼 보인다고 한다. 벤자민은 미성숙된 내면의 상태에서 벗어나려고 하는 역할을 한다. 그것을 좌충우돌을 바로 잡아 주는 것이 어른의 역할이고, 응원을 해주는 것이 어른의 몫인 것이다. 어느 시점에서 미성숙된 상태에서 졸업하려는 젊은이는 없는가, 따뜻하게 봐주려는 어른은 없는가.

　달콤한 청춘 영화처럼 포장된 이 영화는 1960년대를 사는 미국 젊은이들의 고뇌가 깃들어 있는 작품이다. 불안한 미래를 앞둔 주인공 벤자민의 방황을 통해 기성세대의 가치관을 신랄하게 비판하고 있는 뉴아메리칸 시네마의 대표적인 작품이다.

벤자민처럼 일레인을 단순히 사랑하는 것을 넘어 갈망해본 적이 있나요?

로빈슨 부인 같은 유혹을 가장한 위험에 넘어가 대가를 치러본 적 있나요?

어떤 일이 끝이 났지만 또다시 시작해야 할 때 찾아오는 무기력함을 느껴본 적이 있나요?

마치 원치 않는 잠수를 하는 것처럼 삶이 답답하고 막막하다면 〈졸업〉이라는 영화를 통해 자신에게 질문을 던질 수 있는 기회가 됐으면 좋겠다.

(영화) '쉘위 댄스'

영화가 좋다. 영화를 보고 있으면 내가 주인공이 된다. 1990년대 일본 대중문화 개방 붐을 타고 일본 영화가 들어왔다. 그중 중년 남자의 댄스 사랑 이야기로 화제를 모았던 '수요마사유키' 감독의 '쉘위댄스'가 눈길을 끌었다.

〈줄거리〉
회사원 스기야마(야쿠쇼 코지)씨는 언제나 처럼 전철을 타고 귀가하던 중, 전철 창 밖으로 보이는 댄스교실 창문에 서 있는 한 여인을 보게 된다. 그 후 며칠을 고민하다가 용기 내어 댄스교실을 방문하게 된다.
그 여인은 댄스학원의 강사인 마이(쿠사가리 타미요)였다. 처음에는 다소 불순한 마음으로 시작했지만, 서서히 사교댄스에 흥미를 갖게 되었다.
이곳에서 동료들도 만난다. 대머리라고 스스로 주눅이 든 '토미오 아오카', 몸이 뚱뚱하여 언제나 소극적인 '타구치 히로마시, 남편 없이 혼자 힘들게 살아가면서도 아닌 척 하는' 토요코 타카히시'.

한편 매일 같은 시간에 퇴근하던 스기야마의 바뀐 모습에 그의 부인 아키코(하라 히데코)는 의심이 들어 사설탐정을 고용하게 되고, 그가 댄스학원에 다니고 있음을 알게 된다.

실력이 많이 향상된 스기야마에게 마이는 스포츠댄스대회 참가를 권유한다. 스기야마는 더욱더 열심히 연습한다. 드디어, 대회 당일 '스기야마'는 파트너 토요코 (와타나베 에리코)와 호흡을 잘 맞추며 대회에 임하지만, 사설탐정의 이야기를 듣고 댄스를 보러 온 부인과 딸의 모습에 당황해 토요코의 드레스가 찢어지는 대형사고를 저지르고 만다. 집에 돌아온 스기야마는 부인에게 댄스는 불륜이 아닌 진심이었다고 그러나 더 이상 댄스를 하지 않겠다고 선언한다.

다시 일상으로 돌아간 스키야마에게 마이선생이 영국으로 떠난다고, 송별회를 하니 꼭 참석해 달라는 편지를 받는다. 편지에서 마이는 자신도 예전에 댄스대회에서 넘어졌는데, 파트너를 원망하기만 했고 결국 파트너는 떠나가 버려 지금까지 후회하면 살고 있었다고 고백한다. 그런데 스기야마와 그의 동료들을 가르치면서 다시 댄스에 대해 생각하게 되었다고 감사하다고 했다.

송별회 당일, 스기야마는 퇴근을 하고도 마음을 잡지 못해 파친코를 전전하다가 집으로 돌아가는 전철을 타고, 창밖을 보는데 댄스 교실 유리창에 크게 써놓은 글씨를 보게 된다.

스기야마 씨, 같이 춤추실래요?

결국 마지막 순간에 연회장에 모습을 드러낸 스기야마는 '마이'와의 라스트 댄스를 하게 된다. 이어서 모든 참가자들이 함께 어우러져 춤을 추게 되고 영화는 끝이 난다.

이 영화는 1996년 일본에서 개봉된 영화로 2000년 우리나라에 들어왔다. 코미디 영화로 분류되어있다. 그러나 드라마 쪽으로 봐도 무방할 것 같다. 아마 토미오의 과장스러운 연기 때문에 코미디로 분류된 것 같다.

제조 회사의 경리과장으로 일하고 있는 스기야마(야쿠쇼 코지 분)는 어디에나 있는 성실하고 근면한 회사원이다. 직장에서, 가정에서 두루 인정받는 사람이다. 하지만 집과 직장만 오갈 뿐 무료한 일상을 보내는 그의 눈은 어딘가 힘이 없어 보인다.

주인공 '스기야마'는 40대 중반 나이에 예쁜 아내와 귀여운 외동딸이 있다. 그리고 땅값 비싸기로 유명한 일본에서 집도 가지고 있고, 부장 승진도 앞둔 평범한 회사원이다. 적당히 평범하면서도 적당히 행복한 가정, 겉보기에는 행복해 보이지만 일상의 단

조로움은 있었다.

땡 하면 출근하고 땡 하면 퇴근한다. 남자도 때로는 우울증이 오기 쉽다. 모두가 마음의 병을 앓고 있는 환자들이다. 춤은 그들의 유일한 탈출구이다. 얼마 후 그 춤이 소통의 다리가 되어 마음의 병이 치료된다.

주인공 '스기야마'는 진정으로 춤을 사랑하게 된다. 그리고는 열정적으로 춤에 다가간다. 그의 모습이 변한다. 매사에 힘도 없고 활기차지 못하던 남편이 힘이 넘치고 표정과 어투가 변한다. 옷이 땀에 젖고 알 수 없는 향내, 갑자기 변한 남편, 아내는 남편의 뒷조사를 흥신소에 의뢰한다. 아내는 남편이 바람 난 것이 아니라 춤을 배우러 다닌다는 사실을 알게 된다. 아내는 섭섭하다. 남편에게 왜 나에게 그 이야기를 하지 않았는가를 따진다. 그다음 날 남편은 춤을 버린다. 그리곤 본래의 자리로 돌아간다. 힘없고 맥 빠지고 기계적인 '스기야마'로. 일본이나 우리나라 직장인의 삶은 무료하고 다람쥐 쳇바퀴 도는 삶이다. 이 영화를 처음 봤을 때는 단순히 직장인의 애환으로만 생각했다. '스기야마'의 아내 아키코의 마음이 읽혀진다. 댄스도 바람이라고 말하는 그녀의 외로움이 느껴진다.

흔한 통속 영화라면 춤바람-가정불화-패가망신으로 이어진다. 이 영화는 댄스 자체를 예藝와 도道의 경지로 끌어올린다. 그러면서 그의 춤바람이 샐러리맨의 생활을 더욱 윤택게 하는 윤활유 역할을 하는 해피엔딩으로 끝난다.

'스기야마'의 춤에 대한 순수한 열정은 슬럼프에 빠져있던 프로 댄서 '마이'에게 뜻하지 않게 '왜 춤을 추는가"라는 근원적인 물음에 대한 해답을 제시했다.

춤이라고 하면 2000년대 초에만 해도 '꽃뱀에 제비' 왠지 냄새가 안 좋았다. 영화 '쉘위댄스'는 '스기야마' 부부에게 서로가 소통의 부재를 확인하는 계기를 마련했다. 소통은 인간관계에서 중요하다. 특히 부부간에 소통은 더욱 그러하다는 사실을 영화 '쉘위 댄스'는 말해주고 있었다.

(영화) 이티

감독: 스티븐 스필버그
각본: 멜리사 매티슨
출연: 헨리 토마스, 디 월라스 스톤, 피터 코요테
　　　드류 베리모어, 데브라 윙거

〈줄거리〉

어느 한적한 마을의 숲속에 우주선이 나타난다. 우주선에서 내린 외계인들은 지구의 각종 표본들을 채취하던 중 인간들이 나타나자 서둘러 지구를 떠나는데, 그 와중에 뒤처진 한 외계인만 홀로 남게 된다. 방황하던 외계인은 한 가정집에 숨어들고, 그 집 꼬마 엘리어트과 조우하게 된다.

엘리어트는 외계인에게 E.T.(Extra-Terrestrial)란 칭호를 붙여주고 형 마이클과 여동생 거티에게 E.T.의 존재를 밝힌다. 그 때부터 삼남매는 엄마의 눈을 속인 채 집안에서 몰래 E.T.를 돌봐준다. 어느새 아이들과 E.T. 사이엔 끈끈한 정이 생기고, 특히 엘리어트는 E.T.와 텔레파시로 교감할 정도로 가까워진다. 그러나 E.T.는 자신의 별로 돌아가야 할 몸. 그는 아이들의 도움을 받아 집안의 잡동사니로 자신의 별과 교신할 통신장비를 만든다. 그리고 할로윈 축제를 이용해, 우주선이 착륙했던 숲속으로 가서 그곳에 통신장비를 설치하지만, 그만 체력의 급격한 소모로 탈진 상태에 빠지게 된다. 강가에 쓰러진 이티를 데려와 아이들과 함께 이티를 화장실에 눕히고, 메리가 이티를 발견하고 깜짝 놀라 이티를 남겨두고 아이들을 거실로 내보내려 하자 엘리어트의 집을 감시하던 정부기관에서 집에 들어닥치기 시작한다.

　엘리엇과 이티는 실험을 받게 되고 둘이 뇌파가 동일하자 박사들은 둘을 분리하려 실 험에 들어간다. 기력이 약해진 엘리엇은 이티에게 같이 있어 달라 외치며 박사들에 게는 실험을 중단해 달라 부탁한다. 이티와 엘리엇이 분리되기 시작하고 엘리엇은 점점 건강을 되찾는다. 하지만 이티는 몸이 안 좋아져 같이 있어 달라 외치며 엘리엇도 의사들에게 그만해 달라 말하지만 외면당하고 결국 이티는 사망한다. 이티는 냉동보관 되고 키스 박사는 엘리엇에게 이티와 작별인사를 할 시간을 준다. 엘리엇이 눈물 흘리며 작별인사를 하고 떠나려는데 시들었던 꽃이 되살아나고 엘리엇이 놀라 냉동 보관대를 열어 이티를 확인한다.

죽었던 이티가 E.T.phonehome을 외치며 깨어나고 엘리엇과 마이클은 이티를 데리고 도망친다. 마이클은 친구들에게 부탁해 받은 자전거를 가지고 놀이터에서 함께 만난다. 경찰들을 피해 5명은 자전거를 타고 달아나다 잡힐 위기에 처하지만 이티가 다시 초능력을 발휘해 하늘을 난다. 그렇게 숲에 도착하고 엘리엇이 장비를 확인하던 중 마침 이티를 데리러 온 우주선이 도착한다. 숲에 도착한 거티와 마이클까지 모두 작별인사를 마치고 엘리엇은 이티를 보며 쓸쓸한 표정을 짓는다. 이티가 같이 가자는 의미로 come이라 말하지만 지구에 남아야 하는 엘리엇은 stay라 말한다. 결국 이티는 탄식하며 마음이 아프다는 뜻으로 심장에 손가락을 대고 엘리엇이 다쳤을 때 외치던 ouch를 속삭인다. 엘리엇도 울먹이며 이티와 똑같이 ouch라 속삭인다. 곧이어 이티가 엘리엇의 이마에 손가락을 갖다 대며 빛을 밝히고 I'll be right here이라 외치고 꽃을 챙긴 뒤 떠난다. 엘리엇과 친구들이 떠나는 우주선을 바라보며 영화는 끝이 난다.

2014년에 가장 큰 열풍을 일으킨 스타는 한국인이 아니라 외계인이다. 〈별에서 온 그대〉가 중국을 비롯한 아시아에서 최고 인기이니 말이다. 영화 〈이티 ET〉는 미국에서 1982년 6월 11일에 개봉

되었는데 영화를 필름으로 상영할 때라서 지금처럼 한꺼번에 많은 상영관을 차지할 수 없었는데도 불구하고 순식간에 미국에서만 3억만 달러를 넘게 벌어들였다. 그렇게 〈이티〉는 미국 역대 흥행 순위 1위 자리를 차지하고 이후 14년이나 유지한 대단한 작품이다.

 우리나라에서도, 특히 아이들은 〈이티〉를 보기 전부터 외계인 '이티'에 빠져있었다. 각종 장난감에 옷, 양말 신발, 가방, 학용품, 도시락 뚜껑에까지 이티가 새겨졌고 TV에는 인형 탈을 쓴 어설픈 이티가 등장했다. 가수 김창환의 산울림이 부른 "식빵같이 생긴 이티의 머리, 하하하하 우스워……." 하는 노래를 따라 부르지 않는 아이가 없을 정도였고 그때 어찌나 많이 불렀는지 아직도 기억하고 있다.
 드디어 〈이티〉가 한국에 상륙했는데 국내개봉 기록은 1984년이라고 되어 있지만 많은 사람들이 1983년 겨울방학이라고 기억하고 있다. 필름 수량이 부족하여 서울 중심으로 개봉되었고 지방에서는 더 오래 기다려야 했다. 애나 어른이나 할 것 없이 극장 앞에 줄을 섰고 뒤늦은 개봉에도 불구하고 〈이티〉는 수많은 관객을 끌어들였다.
 '이티'는 우리의 '도 매니저'와도 확연히 다른 외모이지만, 그때까지의 영화에 등장했던 외계인들과도 차별화된 모습이어서 인기를 끌었다. 그동안 외계인이라면 대부분 흉측한 모습으로 지구를 침공하는 공포의 대상이었는데 스티븐 스필버그 감독은 친구 같은 외계인을 만들어냈다.

인간과는 해부학적으로 확연히 다른 모습이면서도 익숙하고 친근한 모습을 만들기 위해 이티의 눈은 아인슈타인과 헤밍웨이의 말년 모습을 닮게 했고, 입술에는 윤기를 주었다. 그리고 생명력과 따뜻함을 나타내기 위해 가슴에 할로겐램프를 붙였다. 이티의 전체적인 얼굴은 시인 칼 샌드버그의 아인슈타인, 그리고 강아지 퍼그의 모습을 모아 놓은 것이라고 한다. 이티에게 시인 같은 감성, 과학자의 모습, 사람들 눈이 귀여워하는 인상을 주고 싶어서가 아닐까 싶다.

이티가 탄 엘리엇의 자전거가 하늘로 날아오를 때 한호하며 손뼉치고, 죽어가는 이티를 보며 모두가 울던 그때가 떠오른다. 아이들이 따뜻한 꿈을 원하지 않는 세상이 된 것인지, 어른들이 그렇게 생각하는 것인지…… 시끄럽고 화려한 영화들 속에서 예전의 감동과 재미를 찾기는 점점 힘들어지고 있다. 아이와 어른이 함께 즐길 수 있는 영화는 사라지고 아이들이 어른 영화를 보면서 즐기는 세태가 안타깝다.

어쨌든 편협한 사고와 고정관념, 편견은 막대한 손해를 불러일으킬 수 있으니 경계해야겠다. 외계인 덕분에 '치맥'이 애국하는 세상 아니던가.

(영화) 사운드 오브 뮤직

미국: 170분 1961년 개봉.　감독: 로버트 와이즈
작곡: 리차드 로즈스　작사: 모스카 해머스타인 2세
출연: 줄리 앤드류스(마리아) 크리스토피 플러머 (폰트랩 대령) 외

이 영화는 오래된 고전 영화로 나는 중학교 때 접한 영화다. 다시 보아도 오래된 작품은 또 뭔가 그 시대만의 감성을 느낄 수 있어서 좋은 것 같다. 또한, 이 작품의 영화음악들은 유명한 곡들이 많다. 사실 영화에 나오는 거의 모든 곡들이 유명한 곡이라고 보아도 무방할 것 같다.

〈줄거리〉
영화의 주인공 마리아는 노래를 좋아하는 인물로 수녀원 지원자다. 원장 수녀님에 의해 마침 가정교사를 구하던 본 트랩 대령의 집으로 가게 된다. 퇴역군인인 본 트랩 대령은 아내를 잃은 후

성격이 변하여 7명의 아이들을 군대 방식으로 엄하게 교육하고 있다.

아이들 역시 이러한 아버지의 영향으로 어딘가 조금씩 엇나가 있는 상황이었다. 이런 상황에서도 마리아는 굴하지 않고 참을성 있게 아이들에게 다가간다. 그리고 아이들 역시 점점 마리아에게 마음을 열게 된다.

마리아가 아이들의 마음을 여는 데 사용했던 방법 중 하나가 바로 음악이다. 그리고 이러한 과정을 통해 본 트랩 대령도 점점 성격이 부드러워지고 마리아와 가까워진다. 어느새 대령과 미묘한 감정을 느낄 만큼 가까워진 마리아는 자신의 마음을 깨닫고 당황스러운 마음에 수녀원으로 돌아가 버린다.

하지만 원장 수녀의 상담과 충고를 듣고 마리아는 고민 끝에 자신의 감정에 진실하기로 한다. 마리아가 떠난 후 아이들은 마리아를 잊지 못한다. 그리고 사실 대령도 마리아를 계속 잊지 못하고 있었다.

결국 본트랩 가족은 마리아를 다시 찾으러 가고, 마리아 역시 다시 본트랩 가문으로 돌아간다. 그리고 우여곡절 끝에 서로의 마음을 확인한 본트랩 대령과 마리아는 결혼을 하게 된다. 이렇게 다시 음악과 사랑이 넘치는 가족으로 재탄생한 본트랩 가문. 이들은 가족합창단을 만들어서 활동한다.

한편, 이 시기는 나치가 활동하던 시기로 대령은 소집영장을 받게 되어 가족들과의 야반도주를 시도한다. 마침 축제가 있어 가족 합창단으로 축제 무대에 서게 되고, 감시가 느슨한 틈을 타 탈출을 시도한다.

내 마음을 사로잡았던 영화 〈사운드 오브 뮤직〉은 노래와 춤이 있고 아이들이 주인공으로 나오니 절로 흥이 났다. 하도 반복해서 보다 보니 영화 속의 노래 〈에델바이스〉는 나의 애창곡이 되었다. 그리고 〈도레미 (Do Re M)i〉 노래 매력에 빠졌다.
 세월이 흐르면서 〈사운드 오브 뮤직〉의 여러 노래 가사도 이해하게 되었고 모두 훌륭한 노래라는 것도 알고 좋아하게 되었다. 그래도 최고는 〈에델바이스〉에 이어 첫사랑 〈도레미〉 노래다. 어렸을 때는 귀에 쏙쏙 들어오는 음악에 아이들과 마리아가 산과 도시를 오가며 춤을 추는 모습이 즐거워서 좋아했다.
 시간이 흘러 〈도레미〉 노래의 가사를 보니 '도'에서 '시'까지 일곱 개의 음으로 음악을 만들 수 있지만, 마지막 '도'가 하나 더 있어야 한 옥타브가 된다. 일곱 아이에게 마리아가 찾아온 것처럼 말이다. 다른 노래들도 그렇게 음미할 수 있게 되니 작사가와 작곡가의 대단함을 다시 한 번 깨닫는다.
 〈사운드 오브 뮤직〉은 제목처럼 '음악'에 대한 헌사를 노래한

다. 거기에 가족과 조국에 대한 사랑, 인간관계와 인생애 대한 태도, 성장과 고뇌 등이 담겨 있다

무엇보다 〈사운드 오브 뮤직〉은 그 모든 것을 따뜻하게 표현했다. 해머스타인 2세는 죽음을 앞두고 거장의 따스함이 전해지는 작곡을 했다. 로저스 또한 노년의 통찰과 자상함이 느껴지는 작사를 했다.

보통의 뮤지컬 영화는 노래와 춤이 나오면 조명이 화려해지고 현실감이 사라진다. 〈사운드 오브 뮤직〉은 일반적인 대사와 노래의 경계를 두지 않고 자연스럽게 섞여 흘러가게 한다.

군더더기 없는 연출에 확실하고 빠른 템포의 편집은 시대를 뛰어넘는 세련미를 보여준다. 배경은 음악이 녹아들고 음악은 노랫말과 어우러져 아름다운 화면을 만든다.

수십 번을 본 작품인데도, DVD를 가지고 있는데도, 우연히 TV에서 보게 되면 끝까지 〈사운드 오브 뮤직〉에서 눈을 뗄 수 없는 이유이다.

영화 〈사운드 오브 뮤직〉은 가장 감명 깊게 본 영화는 아니다. 하지만 내 아이와 함께 보고 싶은 영화 1위다. 엄마가 되고 할머니가 되어서도 보고 싶은 영화다. 오래오래 아름답게 기억되는 영화가 있어서 행복하다.

〈사운드 오브 뮤직〉의 원작은 '실화'라는 사실이 사람들을 놀랍게 한다. 일곱 남매의 보모로 왔던 수녀가 아이들의 아버지와 결혼을 하게 된다는 로맨틱한 이야기. 가족합창단이라는 오락성, 전쟁이라는 극적인 상황까지 합해져 하나의 드라마를 이루었다.

물론 영화는 실화 그대로는 아니다. 마리아 수녀는 폰트랩 대령을 사랑해서가 아니고 '하느님의 뜻에 따라' 아이들의 엄마가 된 것이라고 자서전에서도 확실히 밝혔다.

그리고 영화에서 보이는 것과 달리 마리아 수녀는 강인한 성격이다. 자신이 낳은 3명자녀를 포함한 8명의 자식들이 '폰트랩 합창단'의 그늘에서 벗어나지 못하게 통제했다.

폰트랩 대령의 후손들은 미국 버몬트 주에서 농장과 호텔을 운영하며 살고 있다. 폰트랩 대령의 증손주들로 구성된 '폰트랩 칠드런'은 전 세계를 돌며 공연을 하고 있다. 2004년부터 여러 차례 한국을 찾아 공연을 하기도 했다.

영화와 현실의 차이를 알게 되면서 〈사운드 오브 뮤직〉의 감독 로버트 와이즈의 연출에 더 감동하게 되었다.

(영화) 초원의 빛

미국 : 124분 1961년 감독 엘리아 키잔티
각본 : 윌리엄 잉게
촬영 : 보리스 카우프먼
출연 : 나탈리 우드, 워렌 비티

〈줄거리〉

1920년대의 캔사스의 작은 마을에 있는 고등학교가 무대이다. 잘생긴 부잣집 청년 버드(웨렌 비티)는 여학생들에게 열광적인 인기를 얻고 있지만 그가 좋아하는 소녀는 월마(나탈리 우드)다. 월마의 집은 가난했지만 월마는 아름답고 착한 모범적인 소녀였다. 한창 혈기 왕성한 버드는 월마와 육체적 관계를 맺고 싶어 하지만 월마는 이를 거절한다. 독실한 기독교인이고 성에 대해 무지했던 월마에겐 버드와의 육체적 관계가 두려웠다. 이에 불만을 갖고 있던 버드는 성적 활기를 참지 못하고 다른 여학생과 어울렸고, 연약한 월마는 신경 쇠약 증세를 보여 자살을 시도한다. 월마의 부모는 그들의 교제를 반대했다. 두 사람은 괴로워하고 월마의 정신 쇠약은 극에 달해 정신병원에 입원하기에 이른다. 버드의 집도 파산하게 되어 버드는 다른 지방으로 이사 간다. 세월이 흘러 완전히 헤어져 각자의 삶을 살고 있는 두 사람. 버드는 월마의 친구였던 안젤리나와 결혼하여 평범한 기술자가 되었다. 월마 역시 병원에서 나와 평범한 숙녀가 되었다. 우연히 재회한 두 사람은 여전히 서로 사랑하고 있음을 깨닫지만 각자의 길을 가기로 한다. 월마는 돌아오는 길에 워즈워드의 시 구절을 중얼거리며 눈물을 글썽인 채 버드의 농장을 떠난다.

'초원의 빛'은 1961년에 제작된 영화다. 그때까지 나는 90년대 후반 이후의 빠른 이야기 전개와 현란한 촬영 기술, 그리고 선명한 색채의 영화만을 봐왔다. '초원의 빛'이란 영화는 낡은 색채와 느린 이야기 전개 때문에 약간은 따분하게 느껴졌다. 하지만, 아직 혼기가 차지 않은 한 고등학생 연인이 육체적 관계나 여타 문제로 갈등을 겪는 것을 보면서 점차 공감이 갔고 빠져들지 않을 수 없었다. 특히 영화의 마지막에 월마가 읊는 시는 구체적으로 표현할 수 없는 오묘한 여운을 남겨주어 찌릿한 느낌을 주었다.

지금 다시 보면 16세 아이들이 어떻게 이해했을까 싶지만, 그때는 마치 자신의 이야기인 것처럼 공감하고 감동했다. 꿈많던 여고 시절엔, 〈초원의 빛〉이라는 영화가 시로 만들었다니 궁금했다. 게다가 고등학생들에 대한 이야기라니 더더욱 보고 싶었다. 동영상은커녕 비디오도 귀하던 시절이었으니 텔레비전에서 해 주기만을 기약 없이 기다렸다. 누군가가 어렵게 구해온 희미한 흑백사진, 아니 시가 적힌 종잇조각을 보며 궁금증을 달래야 했다. 그러면서 시는 저절로 외워졌다.

여기 적힌 먹빛이 희미해질수록 / 그대를 향한 마음 희미해진다면
이 먹빛이 하얗게 마르는 날 / 나는 그대를 잊을 수 있겠습니다.
초원의 빛이여 / 꽃의 영광이여/ 다시는 돌아갈 수 없다 해도
서러워 말지어다.
차라리 그 속 깊이 간직한 오묘한 세월을 찾으소서

정보 또한 귀하던 시절이라 영어로 된 시의 원문도 쉽게 찾을 수 없었고 이 번역문이 어디서 어떻게 왔는지도 알 수 없었다.

세월이 지나 알고 보니, 시의 제목도 '초원의 빛'이 아니었다. 영국의 계관시인 윌리엄 워즈워드의 〈불멸의 깨달음에 부치는 노래詩〉 제10연이다. '초원의 빛'은 그중 한 구절로 누군가가 영화

제목을 그대로 붙인 거였다. 〈초원의 빛〉이 첫사랑과 헤어진 슬픔을 노래한 시가 아니라는 것도 알지 못했다.

오늘날까지 워즈워드의 시가 애송되고 있는 것은 영화 〈초원의 빛〉 덕분이다. 영화는 사람들이 좀 더 쉽게 이해할 수 있는 '스토리'를 보여주며 시의 주제를 표현했다. 청춘남녀의 사랑 이야기를 통해 남녀의 갈등, 세대의 갈등, 빈부와 갈등 등 사회적 문제를 파헤치고 그로 인한 상처와 성장을 보여준다. 영화는 제목만 다른 것이 아니고 워즈워드의 시에 대해서 직접적으로 언급한다. 수업시간에 그 시의 의미를 말하다가 주인공 윌마가 뛰쳐나가는 장면은 매우 인상적이다.

"젊은 날에는 사물을 이상적으로 보지만, 어른이 되면 이상을 잊어야 합니다."

감독 엘리아 카잔(1909~2003년)은 제임스딘과 말론브란도, 몽고메리 클리프트를 발굴한 할리우드의 거장이면서 경멸의 대상이었다.

1950년대 매카시즘 광풍이 불자 엘리아 카잔은 자신이 1960년대에 공산당원이었다고 고백하면서 수많은 동료를 밀고하여 감옥으로 보내고 해외로 추방 시키는 데 일조했다. 그리고 〈뉴욕타임스〉에 공산주의자 색출을 촉구하는 글을 쓰고, 반공 영화와 반혁명 영화를 여러 편 발표하는 등 정부에 아부하는 모습을 보였다. 그는 배신자로 낙인찍히고 다른 작품까지도 그의 정치적 목적에 이용한 것이라는 비난을 받았다.

오랜 세월이 흘러 1999년 그가 아카데미 시상식에서 공로상을 받을 때도 많은 배우와 영화인이 그에게 야유를 보냈다.

어렸을 때는 ' 초원의 빛 '을 가지고 있는 줄 모르면서 보았다. 조금 지나서는 그 '빛'을 돌리고 싶어서 보다가, 이제는 추억하며 본다. 〈초원의 빛〉으로 알려진 시의 내용이 원문과 달랐다. 소녀 시절, 우리가 알고 있었던 시는 소녀들의 감수성을 자극하는 사랑가처럼 각색된 것이었다. 직역한 원본을 보고 실망하는 사람도 있을 수 있겠다는 생각이 든다.

> 한때 그처럼 찬란했던 광채가 / 이제 눈앞에서 영원히 사라졌다
> 한들 어떠랴
> 초원의 빛, 꽃의 영광이 어린 시간 / 그 어떤 것도 되불러올 수
> 없다 한들 어떠랴
> 우리는 슬퍼하지 않으리, 오히려 / 뒤에 남은 것에서 힘을 찾으리라
> (중략)

4

시부모님과 함께한 여행

어머니의 손재주

바위처럼 살다가신 부모님

윤슬담은 햇살에 눈을 뜨는 햇잎처럼

가을 향기

우즈베키스탄 여행기(1) (2)

밀양 위양지를 찾아서

시부모님과 함께한 여행

겨울 초입에 들어선 길목은 스산하기만 하다. 소명을 다한 가로수 은행잎이 하염없이 작별을 고하고 있다. 이파리를 털어낸 나무들로 고슴도치 등과 같은 산자락이 을씨년스럽다. 계묘년이 저물어 가고 있는 이즈음이다. 또 한 살의 나이테를 더하려 하고 있다. 계절은 생명의 질서를 노래하며, 순환과 생주이멸生住異滅 법칙으로 우리에게 생명의 실상을 가르쳐 주고 있다.

내가 20대 초반 신혼 시절 이야기이다. 50년 전이니, 아득한 옛 이야기이다. 해마다 김장철이면 시어머니와 김장을 했다. 시어머니는 부산에서 서울 우리 집에 오셔서 한해 농사인 김치를 맛있게 담아 주고 가시곤 했다. 함께 살던 시동생, 시누이와 우리 식구들은 한해, 겨울 맛있는 김치로 겨울나기를 했다.

어느 때부터인지 김장을 하지 않았다. 세월이 지나고 보니, 역시 김치는 김장김치가 최고라는 생각을 식구들은 하게 되었다. 올해는 멸치와 굴, 생새우를 샀더니 온누리 상품권까지 정부에서 지원을 해 주고 있다.

내가 30대 후반에 있었던 일이다. 일본에 사는 시누이 초청으로 시어머니와 함께 오사카에 가게 되었다. 부산에서 오사카까지는 비행기로 불과 50분 정도밖에 걸리지 않는 짧은 거리였다.

공항에서 내려 바깥으로 나가야 하는데 공항 출입국 사무실에서 나가지 못하게 했다. 입국을 허락해 주질 않으니 입국하는데 시간이 많이 지체되고 있었다. 바깥에서 기다리던 시누이가 공항 출입국 사무실까지 들어왔다.

시누이가 엄마와 올케언니가 다니러 왔다고 신분증 보여주고 나니까 입국을 허락해 주었다. 우리가 공항 출입국 사무소에 억류한 것은 한국에서 일본으로 돈 벌러 오는 매춘행위 단속 때문이었다고 한다. 별 이상한 나라도 다 있다는 생각을 해보았다. 화장도 보통 때처럼 하였고, 단지 옷을 시어머니가 맞추어 주신 짙은 파란색 투피스를 입은 외에는 평범한 일상이었다. 일본 공항 직원들 눈에는 시어머니와 내가 아주 야해 보여 일본에 돈 벌러 온 직업여성으로 오해한 것 같다.

시누이 집에서 하루 머문 다음, 시어머니와 시누이와 함께 일본에서 유명한 온천을 다녀왔다. 온천에서 목욕한 후에 객실에 들어왔더니 산해진미가 차려져 있었다.

　기모노를 입은 일본 여인이 거나하게 차려진 밥상 앞에서 깍듯이 인사하는 모습이 인상 깊었다. 이곳에서 1박을 하고 도쿄와 교토, 동경, 오사카 곳곳을 15일 동안 여행하면서 일본 전통 요리 샤브샤브를 먹어 보면서 일본 요리에 심취해 보기도 했다.

　그다음 해에는 시부모님 모시고, 싱가포르와 인도네시아 등 동남아시아 여행을 하였다. 처음이자 마지막이 되어버렸지만, 여행사 가이드는 이렇게 시댁 식구들과 함께 여행하는 경우는 드물다는 얘기를 해주었다. 외국을 자주 다녀오시는 시아버지와 시어머니께서는 싱가포르 사회상을 이야기해 주기도 하였다.

　싱가포르는 동남아시아의 작은 섬나라로 영어가 공용어이다. 스페인과 네덜란드의 군사적인 침략과 영향으로 인해 17세기에는 쇠퇴하였다. 그 후 영국의 동남아시아 제국 중심지로 성장하였다. 20세기에는 일본의 침략을 받아 전쟁이 끝나고 영국의 지배하에서 돌아와 독립을 선언하였다. 지금의 싱가포르는 세계적인 금융 중심지로 지위를 유지하고 있다. 높은 생활수준과 혁신적인 기술을 통해 주목받고 있는 나라 중의 하나이다.

　싱가포르는 오랜 역사와 다양한 문화를 갖춘 도시로 전 세계에 많은 사람이 찾은 명소를 갖고 있기도 하다. 독특한 역사와 아름다운 풍경, 현대적인 도시의 매력을 결합한 독한 곳으로 여행자들에게 즐거움을 선사하고 있었다. 서울보다 약간 클 정도로 아주 작은 나라인데 이 작은 나라가 아시아 금융 중심지로 불리는 배경에는 교육의 힘이 숨어 있다.

가이드의 안내로 거리마다 깔끔하고 고급스러운 분위기인 싱가포르에 이어 인도네시아 대표적인 관광지를 둘러봤다. 모나스 타워, 자카르타 국립 박물관, 안촐 유원지, 자카르타 씨월드, 타만 미니 인도네시아(Taman Mini Indonesia) 등이다. 자카르타 자체 볼거리는 그리 많지 않다. 인도네시아에서 문명의 이기를 좀 받은 곳 정도다. 실제로 자카르타의 대표적 이미지는 발달한 도시철도등 교통망과 고층빌딩 숲이다.

사실 자카르타의 도시철도 교통망이라고 하지만 한국의 수도권, 부·울·경등 대도시들이나 이웃한 싱가포르, 쿠알라룸푸르의 대중교통과는 비교 불가이다. 돈이 좀 있으면 개인 기사를 두고 자가 차를 타고 다니고 없으면 1인 1 오토바이여서 대중교통이 발달하기엔 제약이 아직 많다. 그래도 노선 자체는 공항철도를 포함해 자카르타 수도권 곳곳을 커버하기는 한다.

여행을 많이 다녔던 그때 그 시절이 아득한 추억만 남기는 옛이야기가 되어버렸다. 시부모님 살아 계실 때에는 한 달에 한 번씩 식구들 모두 부산에 있는 유명한 식당에 모여 회식을 했다. 부모님이 계시지 않으니 이제는 모이는 일이 없어 사실 남남이나 마찬가지가 되어버렸다. 그나마 제사 지낼 때는 모두 모였는데, 코로나 시절에 제사까지 절에 맡기고 보니 아예 모이는 일이 없어져 버렸다. 부모님처럼 형제 중에 구심점이 되면 좋겠지만 현실은 그렇지가 못하기 때문인 것 같다. 나름 자기 살길이 바쁘니 그렇지 않을까 하는 생각을 해보면서 연말이면 그때 그 시절이 주마등 되어 스쳐 지나가곤 한다

어머니의 손재주

　어머니 생전, 우리 집 수세미는 예술이다. 빨, 주, 노, 초, 파, 남, 보 무지개 색으로 대롱대롱 매달려 날 봐 달라는 듯 시위를 한다. 온 집안 구석구석 어머니의 정성이 담긴 손뜨개가 보란 듯이 이곳저곳에서 빛을 발하고 있다. 겨울이면 목도리와 모자 주문을 여기저기서 받아 바쁜 일상을 보내신다.
　엄동설한 매서운 한파에도 목도리를 하면 감기도 피해간다. 목을 우선 따뜻하게 해 주니 목감기가 잘 오질 않는다. 발 닦기에도 온갖 동물 모양을 만드니 예술이 따로 없는 듯하다. 어머니는 예전부터 손재주가 남다르셨다. 나의 학창시절에도 털실로 스웨터를 떠 주셔서 항상 입고 다닌 기억이 생생하다. 철없던 그 시절에는 세상에서 가장 귀한 손뜨개의 귀함을 모르고 스웨터를 입으니 몸이 풍풍해 보이는 것 같아 잘 입으려고 하지 않았다.

　어머니의 형제는 9남매다.

9남매의 맏딸인 어머니는 부모님의 손이 미쳐 가지 않는 빨래며 온갖 잡다한 일은 장녀인 어머니의 차례가 되었다. 틈만 나면 손뜨개로 동생들의 옷을 떠 입혔다고 하신다. 갈수록 어머니의 손뜨개는 발전에 발전을 거듭해 가방까지 예술품을 만들어낸다. 어머니가 뜨신 손가방을 모임에 들고 나가면, 친구들이 부러워했다. 어머니가 뜨신 가방은 '명품'이라면서 주문을 하면서 계좌로 입금해 주었다. 팔순 노모는 그 연세에도 안경을 끼지도 않고, 앉으나 서나 손뜨개에 혼신의 열정을 받치신다.

나의 친정은 모태신앙으로 4남매인 우리 형제는 아들 한 명에 딸이 세 명인데 어머니는 '남의 자식과 절대 바꾸지 않겠다'는 말씀을 곧잘 하신다. 4남매 중에 내가 장녀이고 바로 밑에 둘째 여동생은 남편이 의사이고 막내동생 부부는 초등학교 교사이고 아들은 목사이다. 그러니까 불자인 나만 빼고 모두 교인인 셈이다. 목사 한 명에 권사가 두 명이다.

그리고 모두 효자, 효녀이다. 늘 어머니의 건강 걱정에 용돈이 혹 모자랄까 봐 매달 은행으로 모아서 입금을 해 드리곤 했다.

처녀 시절에 어머니는 손재주를 많이 가진 미국에서 사는 친구를 많이 부러워했는데 지금 보니 '내가 더 났다'는 말씀을 하신다. "노후에 용돈을 벌 수 있다는 게 얼마나 다행이고 좋은지 모르겠다." 피곤해하면 그건 노동이지만 취미라고 생각하고 손뜨개를 하시니 작품을 만들어내는 속도 또한 빠르기도 하시다. 손뜨개 뿐 아니라 음식 솜씨도 일품으로 동네잔치에서 두각을 나타내기도 하셨다.

　어머니는 뜨개질하는 열정으로 재미있고 건강하게 사시다 90세를 일기로 세상을 떠나셨다. 어머니는 생전에 큰딸이 작가로 글을 쓰는 것은 당신의 손재주를 물려받았다고 하시며 무척 자랑스러워했다. 어머니 가신지 몇 년이다.

　어머님! 손재주를 물려 주셔서 참 고맙습니다.

바위처럼 살다가신 부모님

 어머니 소천 소식을 전하는 동생은 목이 메여 있었다. 어머니는 뇌경색으로 OO병원에 입원하여 치료 후 요양병원으로 이송하여 지냈다.
 한 달 전부터 병원에서 pcr 검사에서 음성 나온 사람은 직접 간호해도 좋다고 하여 형제자매들은 매일 교대제로 어머니 병실을 지켰다. 임종 며칠 전부터 어머니는 말문을 닫아 버렸다.
 어머니 임종 하루 전날은 내가 당번이었다. 어머니 곁에서 팔다리를 주물러 드리는데 말문을 닫았던 어머니가 갑자기 '선영이는' 하면서 막내딸 이름을 부르신다. 깜짝 놀랐다. 마지막 기력을 다해 안간힘을 쓰면서 말씀을 더 하려고 하였지만 '엄마, 다 알고 있으니 말을 안 해도 된다' 고 말하자 안도하는 모습이었다. 어머니의 손과 발은 차디찼다. 아무리 주물러도 따뜻해지질 않았다.
 어머니는 자신의 삶보다 늘 자식 걱정이었다. 세상의 끈을 놓는 순간까지도 막내딸을 걱정하던 모습에 어머니의 자식 사랑을 느겼다. 다음날은 남동생이 당번 날인데 전날, 오미크론 확진자로 격리 중이라 오지 못해 누구 하나 임종을 지키지 못한 가운데 쓸쓸히 외롭게 떠나게 해드려 마음이 아팠다.

 파란만장한 삶을 사시다 운명하신 어머니의 생이 주마등처럼 스쳐 지나간다. 그 어떤 고난 속에서도 바위처럼 꿋꿋이 온몸으로 지켜내시던 어머니였다. 9남매 맏딸로 태어나 부모 노릇까지 할 정도로 고생을 많이 하셨다. 외할아버지와 외할머니는 염전사업을 하시는 분이라 어머니가 맏딸로 동생들을 돌보고 결혼 전까지 살림을 도맡아 했다. 외가댁은 기독교 모태신앙으로 부모로부터 물려받은 독실한 기독교 신자로 신앙심이 돈독했다.

 어머니는 22세에 외할머니의 중매로 해양경찰로 근무하는 청년과 결혼하게 되었다. 내가 2살 때에 아버지는 서해 바다에서 조업 중이던 중국어선을 단속하던 중, 중국해군의 기습 공격을 받고 강제로 납치되었다. 그 당시는 중국을 중공이라 불렀고, 우리나라와 적대시하는 관계였다.
 아버지의 생사를 알 길 없는 우리 집에서는 몇 년 동안은 중공 땅에서 살아 돌아올 것으로 기대했다. 그러다 10년이 지나자 실망한 할아버지와 할머니는 아들을 기다리다 눈을 감지 못하고 세상을 떠나셨다.

그러던 어느 날 중국과 우리나라는 정식 수교를 하면서 아버지의 석방 소식이 전해졌다. 아버지가 중국에 납치된 지 12년 만이었다. 어머니는 아버지가 중국에 납치된 후 조선방직에 취업하여 딸 둘을 부양하였다. 내가 중학교 2학년이었고 동생이 초등학교 6학년이었다. 우리 집에는 신문사와 방송국 기자들이 취재차 몰려들고, 뉴스에 보도 되는 등 국민적 관심을 모았다. 학교에서도 나는 관심을 받는 아이가 되었고, 한동안 전국 각지에서 배달된 위로 편지를 받기도 했다.

드디어 아버지가 귀국하는 날, 외할아버지 내외분과 외삼촌, 이모들을 비롯한 외갓집 식구들과 마중을 나갔다. 기자 아저씨들이 아버지와 만나는 장면을 취재하는데 아버지를 처음 보면서 어색해서 어떻게 해야 할지 몰라 당황했던 기억이 새롭다.

아버지는 귀국 후 해양경찰에 복직하고, 남동생과 여동생을 두게 되었다. 남동생과는 14살, 여동생은 15살 차이로 그때는 나이 차가 많이 나는 동생들이 있어 왠지 쑥스럽고 창피하게 느꼈던 기억도 새롭다. 어머니는 두 동생을 애지중지 잘 키우셨다. 남동생은 목사가 되었고, 여동생은 학교 간호교사로 근무하면서 어머니의 사랑을 많이 받았다. 이에 보답하듯 막냇동생은 삼일장을 치르면 너무 아쉽다고 4일 장 치르자고 하여 4일장으로 하게 되었다.

장례식은 오미크론 확산세가 심각할 때라 상주인 아들은 확진자가 되어 참석하지 못하고 대학생인 손자가 상주 역할을 대신했다. 남동생은 동영상으로 가족 예배를 집전하고 목사로 있는 교회 신도들이 아침저녁으로 참석하여 예배를 드렸다.

장례식 도중 오미크론 확진자로 격리 중인 첫째 여동생 집 조카가 위경련으로 아프다고 울며 전화가 와 내외가 딸에게 달려가는 소동도 있었고, 결국 제부는 장지에 같이 가지 못했다. 어머니 떠나는 날 봄비가 내려 우리의 마음을 더욱 을씨년스럽게 했다. 어머니의 유해는 아버지가 잠들고 계신 영천호국원에 합장으로 모셨다.

예전 아버지 돌아가셨을 때는 영천호국원 강당에서 경찰의장대원들이 의전행사를 하고 10여 명의 대원이 집총자세로 호위하여 거총 자세로 총성을 울리고 묘소에 모셨다. 요즈음은 코로나 시대가 되어 그런 의장 행사가 생략되어 있었다.

어머니는 6·25 전쟁 때 아버지가 전투경찰로 지리산에 있는 빨치산 토벌 작전을 벌여 물리쳤다는 얘기를 항상 자랑스럽게 말씀을 해 주셨다. 아버지 돌아가시고 14년 만에 어머니를 맞이하게 되어 이제는 부모님들이 덜 외로우시지 않을까. 스스로 위로해 본다.

윤슬 담은 햇살에 눈을 뜨는 햇잎처럼

봄이 오고 있다. 청아한 새싹의 향기가 바람에 묻어온다. 봄이 오는 길목, 날씨가 보통 심술궂은 게 아니다. 올해는 더욱 유난스럽다. 대나무 여린 가지가 하늘 끝에 더 푸르듯 손주들이 성장해 나가는 모습들이 대견하기만 하다.

연일 계속 비가 오고 있다. 오늘도 할아버지는 손녀가 행여 비 맞을까 봐 우산을 들고 학원 차에서 내리는 손녀를 기다린다.
회사에서 퇴근하고 들어오는 며느리는 아버님 안 나가셔도 학원 차가 집 앞까지 데려다주는데요, 그런다. 맞벌이하는 작은아들은 주로 회사에서 식사하고 오기 때문에 신경 안 써도 된다. 하지만 며느리와 아이들 저녁은 챙겨주어야 한다.
10년이면 강산도 변한다는데 어느새 이렇게 많은 세월이 흘러가 버렸는지 모르겠다.
작은아들은 결혼 후 아예 우리 아파트 옆 라인에 집을 사서 이

사를 왔다. 그 세월이 벌써 14년이다. 손녀 서율 이가 초등학교 6학년이 되고 손자 지한이가 2학년이 되었다. 손녀는 아침에 등교하고 나면 저녁 7시가 넘어야 집으로 돌아온다. 그리고 곧장 줄넘기 학원에 다녀오면 밤 9시가 되어야 집으로 돌아와 숙제하고 잠자리에 든다. 체력이 많이 따라주어야 할 것 같다. 과부하가 걸리는 것 아닐까, 옆에서 보기에도 참으로 안타깝기 그지없지만, 어느새 철이 들고, 다 커 버린 것 같다.

하지만 아직 손자 지한이가 어리기 때문에 학원에서 돌아오는 시간에 맞추어 매일 나는 종종걸음 친다. 조금만 늦으면 제 엄마와 아빠에게 할머니 없다고 전화한다. 그리고 창문과 현관문을 활짝 열어 놓고 "할머니 어디야. 언제 와"하면서 전화로 시위를 하고 유세를 한다. 2학년이 되고부터는 제 엄마 아빠에게 전화는 안 한다. 조금 느긋해지고 할머니 입장을 생각해 주는 것 같아 대견하다.

손주들 세대에는 우리 세대 어릴 때와는 너무도 다른 세태다. 코로나 팬데믹 시대를 지나면서, 동네 친구들은 없어지고 학원에서 만나는 친구가 유일하게 친구가 되는 것 같다. 손자는 학원에서 돌아오면 공놀이도 하고 피아노도 곧잘 치기도 한다. 손녀는 저희 누나는 피아노에 앉아 있을 시간이 없지만 지한이는 아직은 시간이 여유롭다. 먼 훗날, 지한이가 할머니와 공놀이와 달리기, 자전거 타던 일들을 기억할는지. 궁금하다.

지난 토요일 저녁, 지한이가 느닷없이 '할아버지는 스트레스를 많이 받아서 대머리가 되었냐'고 묻는다. 초등학교 2학년이 되니 모든 것에 호기심이 많아졌다.

이제는 할아버지가 지한에게 묻는다. "할아버지가 몇 살까지 살면 좋겠냐"고 물으니 "앞으로 30년 더 살면 좋겠다. 할아버지 오래 오래 건강하게 사셔야 해요."라고 한다. 그러면서 지한이는 '앞으로 100살은 더 살 거야'라고 하며 자기 생각을 말한다.

몇 년 전만 해도 친정엄마와 3대가 목욕을 함께 다녀오곤 했다. 손녀는 따뜻한 탕 안에서 몸을 담그기도 하고 수영을 하기도 했다. 근래에는 손녀와 함께 목욕탕에 가 본지도 꽤 오래되었다. 그럴 시간적 여유를 갖기 힘들다.

손녀가 5학년 때 일이었다. 7살 유치원 때부터 다니던 피아노 학원 원장 전화를 받았다. "이제 피아노 학원을 그만 접어야겠습니다. 그동안 서율이와 많은 정이 들었는데." 하면서 울먹이신다. 이유인즉 아마도 아래층에서 처음에는 다른 악기로 가르치겠다고 간판을 걸고 들어왔는데 욕심이 생겼는지, 자기들도 피아노 가르치겠다는 것이다. 피아노 학원이 2층에도 생기니 3층보다는 2층으로 학생들이 모이게 되고, 3층에는 학생 수가 적어 타산이 나오질 않아 그만 접어야겠다고 하신다.
 원장님이 서율이에게 얼마나 정을 주었는지, 서율이는 계속 울먹였다. 서율이 아빠의 주선으로 우리 가족은 피아노 원장과 함께 작별의 정을 나누는 저녁을 함께했다. 그 이후로 원장님은 이사를 하고 우리 동네에서 떠나갔다. 서율이도 한동안 마음 허전해하면서 우울하게 보냈다. 그러다 정든 사람과 이별 경험을 통해, 만나면 헤어짐도 있다는 큰 교훈을 얻었다. 그 후 마음을 정리한 듯 열심히 공부한다. 안심이 된다.
 큰아들 내외와 우리 집 장손은 우즈베키스탄에 살고 있다. 손자 이름은 김토미. 어머니는 우즈베키스탄인이다. 나이는 2세. 어리지만 우리 집안에서 손자로는 계승순위 1위다.
 며칠 전 텔레그램 영상통화에서 토미가 계속 뽀뽀뽀 하면서 입맞춤을 한다. 늘 웃기만 하던 토미가 무슨 일인가 하고 깜짝 놀랐다. 알고 보니 저희 아빠 엄마가 할아버지, 할머니에게 사랑을 주는 뽀뽀를 가르쳤다고 한다.
 주말이면 큰아들이 결혼 11년 만에 얻은 우즈베키스탄 타슈켄트에 사는 큰 손주 김토미 재롱이 기다려진다. 늘 텔레그램 영상통화로 토미의 일상을 한눈에 볼 수 있다. 큰 아들은 토미가 그림도 그리고 맛있게 음식을 먹는 모습과 외출 한다던지 식당에서 찍은 동영상과 사진을 보내오기도 한다. 한주만 영상통화가 걸려오지 않으면 큰아들이 감기에 걸렸거나, 외국에 출장을 갔다는 것을 짐작할 수 있다.
 큰아들과 통화를 못 한 그 주에는 큰 손자 안부가 무척 궁금해진다. 며느리와는 말이 통하지 않으니 답답한 경우가 많다. 무슨 일은 있지나 않았는지. 어느새 나와 남편은 손주 바라기가 되어 어쩔 수 없는 할아버지, 할머니가 되어 있는 자신을 되돌아본다. 봄 가뭄 때 샘물처럼 윤슬 담은 햇살에 눈을 뜨는 햇잎처럼. 손주들아 씩씩하고 힘차게 지혜롭게 자라기를 바란다.

가을 향기

아침저녁으로 제법 바람이 시원하다. 한낮을 달구던 찌는 더위도 가는 세월에는 어쩔 수 없나 보다. 한여름을 달구던 매미 소리가 어느새 멎어버리고 가을 정취 물씬 풍기는 귀뚜라미와 산새들 노랫가락이 정겹다.

아파트 정문에 라일락 향기가 지나가는 사람의 발길을 유혹한다. 손녀도 향기로운 꽃 냄새에 코를 묻고는, '이게 무슨 냄새예요' 그런다. 해마다 봄, 가을에 두 번 라일락 향기가 온 아파트에 진동한다.

해마다 정점을 이루던 우리 집 행운목과 산세비에리아가 작년부터는 피질 않는다. 산세비에리아 예쁜 꽃과 행운목꽃이 아름답게 피어 향기가 온 동네에 스며들었는데, 그들을 살려내지 못해 울가망하다.

거실 정면에서 보이는 노랗게 익어가는 감들이 뿜어내는 풍요로운 빛이 천지를 아늑하게 펼쳐 낸다. 풍요로운 결실을 주는 가을이 다가오고 있음을 실감케 한다.

 매년 바쁘다는 소리가 절로 나오면서 살아가고 있던 시절이 있었다. 문학회에 등단한 이후 줄곧 사무국, 편집국 일을 맡아 하다가 두 군데 세 군데에서 업무를 봐 달라는 요청에 청탁을 들어주다 보니 내 몸을 돌보지 못했다.
 문학회 등단하기 전에는 수영, 헬스, 볼링, 에어로빅, 요가 등 온갖 운동으로 건강하게 살았다. 하지만 문인 등단 이후로 수많은 문학 행사가 겹치고 업무에 시달렸다. 요즈음은 그 많던 업무가 줄기는 했지만, 출판사 일과 발행인 업무에 파묻혀 바쁘게 살아가고 있다.
 예전에 비해 잔잔한 업무는 줄어들었으나 앞으로 해야 할 일이 태산이다. 주위에서 일도 좋지만, 건강을 챙기라는 특히 가족들의 걱정이 많다. 예전에는 편집장, 사무국장일을 몇 개씩 하면서 합창단 단장까지 맡아 악보에 콘셉트concept까지 챙기던 그런 시절도 있었다. 낭송대회에서 해야 할 낭송 연습도 해야겠고 듀엣으로 부를 가사도 외워야 했던 그 시절이 주마등 되어 스쳐 간다.

 정작 써야 할 수필, 시 원고는커녕 글 읽을 틈이 없다. 그러다 보니 이제는 백내장까지 와서 수술하기 전에는 글을 읽을 수가 없다. 핑계 없는 무덤이 어디 있겠냐마는 시간이 나질 않아 좋은 작품이 만들어지질 않는다. 저 사람은 저렇게 바쁘게 살아가는 사람이라고 얘기하곤 한다.

내 팔자려니 하면서 스스로 위로해 보기도 한다. 정신없이 바쁜 나날 속에서도 손주가 학교에서 돌아올 시간이면 바빠진다. 모든 업무를 물리치고 학원에서 내리는 손주를 반기기 위해 집을 향해 달려간다. 학교와 학원에 다녀온 손주가 보고 들은 대로 인사를 하고 큐 사인을 보내면서 피아노 반주에 맞추어 춤을 추고 인사를 한다. 인사를 하고 나면 멋진 공연의 축하 선물을 증정하는 사인을 보낸다. 학교와 학원에서, 많은 것을 접해 보고 있다는 걸 느꼈다.

손주들이 학교와 학원 행사를 잘 소화해 내고 있어 늘 감사하고 있다. 태어나면서부터 지켜봐 온 손녀 손자이지만 언제 이렇게 커 버렸는지, 정말 신기하기까지 하다. 내년이면 손녀는 초등학교 6학년, 손자는 2학년이 된다.

손자, 손녀가 커 가듯이 나도 늙어가고 있음을, 세월의 무게를 느껴보는 이즈음이다.

꽃들이 피고 지고 강산이 변하는 동안, 온 마음으로 품어주는 하늘을 보며 차를 마실 여유가 생겼다. 서두르지 않아도 조급해하지 않아도 된다며 스스로 어깨를 토닥여본다. 나 역시 나만의 색을 조금씩 찾아가고 있는지도 모를 일이다. 늘어나는 나이 숫자만큼 마음에 숫자도 늘어나고 있음이 느껴진다.

  시원한 바람 어깨에 걸치고 아직 물들지 못한 나뭇잎 위에 주머니 속 햇살 한 줌 뿌려 주고 어깨에 걸쳐 둔 바람은 가까운 지인에게 슬쩍 실어 보내야겠다. 귀에 담아둔 낙엽 밟던 소리는 잘 챙겨 두었다가 추억 속 앨범 속으로 들어가 본다.

우즈베키스탄 여행기(1)

　예전에는 베트남 호치민과 카자흐스탄 알마티의 종합상사 주재원으로 주재국을 옮길 때마다 엄마를 부르던 큰아들이 이번에는 어엿한 회사의 오너가 되어 현재 사업 기반을 둔 우즈베키스탄 타슈켄트에 초청하였다.

　타슈켄트는 우즈베키스탄의 수도로 돌의 마을이라는 의미를 가지고 있으며 중앙아시아에서 가장 큰 공업도시이자 한때 실크로드의 중심지였다고 한다.
　특히, 우즈베키스탄 카리모프 전 대통령은 대한민국의 박정희 전 대통령을 우상으로 삼아 국가 공업화에 많은 노력을 기울였으며 농업 국가에서 자동차, 화학제품, 전자제품, 식료품 등을 현지 생산하여 수출하는 제조업 중심 국가로 변모하려는 움직임이 지속 이어져 오고 있다고 한다. 박근혜 전 대통령과의 정상회담 시 부친인 박정희 전 대통령의 명언을 언급해 눈길을 끈 적도 있다고 한다. "어떤 민족도 민족에 대한 자부심을 간직해야만 승리할 수 있다. 이런 훌륭한 명언을 남긴 박 전 대통령이 한국의 기적을 일으킨 분"이라고 한다.

아들이 7시간 반 남짓한 장거리 여행이 걱정되었는지 비즈니스 석을 준비해 두었다. 오랜만의 외유라 공항에서 헤맬까 봐 동선에 맞춰 그때그때 연락해주고 비즈니스 라운지에선 간단히 요기만 하시고 나중에 더 맛있는 기내식을 드시라고 귀띔을 해주는 센스는 여전하다.

코트를 받아주고 가방을 올려주는 비즈니스석의 승무원은 살가웠다. 아들 녀석이 VIP 석이라고 우기던 2번째 줄 창가 자리에 앉아 이것저것 눌러봤더니 안마기를 겸한 좌석이더라. 어느덧 비행기가 천천히 이동하더니 점차 속도를 내며 가뿐히 날아올랐다. 예전엔 비행기만 타면 불안함이 앞서곤 했는데 비행 기술도 시대에 따라 많은 변화가 있었나 보다. 궤도에 오르니 승무원이 저녁 식사 메뉴를 양식이나 한식 중 선택하라고 한다. 한식을 즐긴 후 저녁 야식으로 햄버거와 커피까지 먹고 나니 세상에 부러운 게 없다. 오프라인이었지만, 텔레그램으로 사진도 보내고 문자도 미리 발송해 놓고 하다 보니 어느덧 타슈켄트 공항에 도착하였다.

보딩 브릿지를 열심히 걸어 나가자 알려준 대로 피켓을 든 어떤 여성이 내 이름을 부르고 있다. 그 여인이 입국 신고를 하고 수화물 찾는 곳까지 안내해 주었는데 웬걸 내 짐이 아무리 기다려도 나오질 않았다. 카운터에 가서 My son과 통화를 해야 한다고 졸랐더니 밖에서 기다리던 아들 내외가 세관 신고 지역까지 들어올 수 있도록 배려를 해 주었다. 결국 연말연시라 몰렸던 입국 행렬의 짐과 섞여 나갔다가 추적 끝에 마지막 수화물로 나오고 있다.

공항 입국장에선 10여 년 만에 가지게 된 옥동자 '토미'가 평소 영상통화를 통해 자주 만나서인지 첫 만남에도 나를 보며 활짝 미소 짓고 있다. 사진과 동영상으로만 접했던 인형 같은 토미 모습 그대로이다.

다음날은 토미와 함께 우즈베키스탄 대표 음식인 "샤슬릭"이라는 양 꼬치구이가 유명한 레스토랑을 찾았다. 우즈베키스탄은 이슬람 국가라 알고 있었는데 레스토랑 안에선 크리스마스 장식에 캐럴을 즐기는 러시아계 사람들과 이슬람 전통 히잡을 쓴 여인들이 한 공간에서 연말 파티를 하고 있는 장면이 꽤나 인상적이었다. 다민족 국가라 서로 간의 종교에 구애를 받지 않고 오히려 오픈 마인드로 상대 종교를 받아드리는 모습이 한때 실크로드 교역의 중심지다운 문화를 보여주는 것이라 생각된다. 이러한 생각에 잠겨 있을 때 히잡을 쓴 여인들이 갑자기 한국어로 토미가 한국

아기인지 묻는다. 우리나라가 우즈베키스탄에도 많이 알려졌나 보다고 아들에게 물었더니 대한민국은 경제뿐만 아니라 대중문화 선진국으로 현지에서 좋은 인상을 가지고 있다고 한다. 대한민국 국민인 것을 새삼 자랑스럽게 느껴보는 날이기도 했다.

사흘째 되는 날에는 타슈켄트 시내 중심에 있는 아미르 티무르 박물관을 관람했다. 아미르 티무르 왕의 시대(1336 ~ 1405)가 조선 태조의 시기(1335 ~ 1408)와 거의 비슷하고 아미르 티무르 왕의 손자이자 세종대왕의 천문학에 영향을 주었다고 하는 천문학자, 미르조 울르그벡과의 시기도 아주 유사하다.

박물관 옆 아미르 티무르 동상이 있는 곳은 구소련 시절에는 붉은 광장이라고 불렸으며 마르크스 동상이 3만 5천 평방미터의 광장 중앙에 서 있었다고 한다. 우즈베키스탄의 영웅 아무르 티무르는 너무나 싸움을 잘하고 전략이 탁월하여 오스만투르크를 무너뜨리고 인도의 무굴제국까지 정복했던 인물이다.

우즈베키스탄 여행기 (2)

　아미르 티무르는 칭기스칸이 쌓아 올렸던 세계 제국의 꿈을 이상으로 삼았고 자신의 권위를 드높이기 위해 전투에서 승리를 거듭해 원정을 계속하였다. 1380년부터는 분열 상태였던 이란에 진출하여 호라산을 정복하고 1386년부터 시작된 3년간의 전쟁에선 아프가니스탄, 아르메니아, 그루지아 등까지 지배하에 두게 되었다. 1388년, 토그타미슈가 티무르 제국을 공격한 것을 계기로 잠시 3년 전쟁을 종료한 티무르는 이란에 대한 원정을 재개하여 1392년부터 시작하여 5년 전쟁에서 무자타르 왕조를 멸망시키고 이란 전역을 지배하에 두게 되었다. 바그다드에 입성하여 북상하면서 지금의 러시아 불가 강 유역까지 진출한 뒤 1396년에 귀환했다. 1398년, 티무르는 인도 원정을 단행, 델리 술탄 왕조를 격파하고 점령했다고 한다. 1399년 시작된 7년 전쟁에선 아제르바이잔에서 반란을 일으킨 3남 미란 샤를 굴복시키고 그루지아, 아나톨리아 동부에서 시리아로 들어가서 다미스키스를 점령하고 거기서 이라크로 전진해 모술을 정복했다. 1402년, 중앙 아나톨리아에 진출한 티무르군은 앙카라 전투에서 오스만 제국군을 격파하여 귀환했다. 이 원정을 통해 몽골제국의 서쪽 절반에 해당하는 곳이 티무르의 지배하에 들어갔고 오스만제국 왕조가 티무르에게 명목상 복속하여 티무르의 지배영역은 대제국으로 발전하였다.

1404년 말, 티무르는 20만 대군을 이끌고 명나라를 격파하여 원나라의 옛 영지를 탈환한다는 목표를 갖고 중국 원정을 개시했다. 그러나 티무르는 원정 도중에 갑자기 병이 나서 1405년 오트라르에서 병사했다. 사마라칸트에 있는 구르 아미르에 그의 무덤이 있다.

박물관의 벽에는 아무르 티무르의 일생을 그린 일러스트가 많이 장식되어 있다. 싸움을 하는 장면, 회의를 주재하는 모습 등 여러 화가의 작품으로 각기 다양한 티무르의 일생과 그의 모습을 그려내고 있다. 우즈베키스탄 사람들이 푸른색을 좋아해서인지 푸른색이 유난히 눈에 많이 띈다. 아무르 티무르의 생애, 그의 가계도, 당시 입었던 갑옷과 무기, 건축 양식 등이 잘 전시되어 있었다. 이제는 우즈베키스탄 어느 도시에 가도 아미르 티무르의 동상을 볼 수 있으며 그 이름의 거리를 만나게 된다고 한다. 칭기스칸의 몽골제국 이후 중앙아시아에 군림했던 아미르 티무르가 현재의 우즈베키스탄의 민족 영웅이 되었다고 한다. 물론 지금은 구소련 연방의 붕괴로 독립한 후에 신국가로서 레닌과 스탈린을 대신하여 새로운 민족의 상징으로 여겨지고 있다고 한다.

우즈베키스탄에 온지 5일째 되는 날에는 타슈켄트 남부역에서 고속철을 타고 2001년에 유네스코 세계 유산으로 지정된 사마르칸트를 방문했다. 타슈켄트에서 300km 정도 떨어져 있는데 도로 사정 때문에 차로는 6시간이 소요되나 고속철을 타고 2시간 10분 만에 도착할 수 있었다.

과거에 마라칸트라는 이름으로 불렸으며 바위라는 뜻의 "아스마라"에 요새를 의미하는 칸트가 더해져 '바위 요새'를 뜻하는 것으로 추정된다고 한다. 유럽, 아라비아와 동아시아 사이에 길목인 만큼 보충할 수 있는 오아시스 도시로 사막 길에서는 상인들에게 특히 중요한 곳이었겠지. 이 지역을 중심으로 교역이 왕성하여 비단과 공예물 그릇들이 카라반의 낙타에 실려 대륙을 오고 간다. 물질적인 것뿐만 아니라 문화가 넘나드는 곳이었다. 이곳에서 조로아스터교, 네스트르우스교, 마니교, 힌두교, 불교, 유대교 등 다양한 종교가 교류하며 퍼져나갔고 탈라스 전투 이후 당에서 들여온 제지술이 이슬람 세계로 넘어가는 관문이기도 했다. 1220년경 몽골제국 칭기스칸의 침략을 받아 큰 타격을 입었지만 14세기 후반 티무르 제국의 수도가 되면서 아름다운 이슬람식 건축물이 다수 세워져 지금까지 남아 있다. 사마르칸트에는 유적과 유물이 산재해 있다. 가까운 곳은 걸어서 30분 이내에 다닐 수 있고 조금 멀어도 택시로 15분 안팎이면 갈 수 있다.

사마르칸트에 도착하자마자 구르 아미르로 향했다. 아미르가 왕을 지칭하는 것이라 아미르 티무르는 티무르 왕을 뜻하는 것이고 구르 아미르는 왕의 무덤을 의미한다고 한다. 원정에서 전사한 자신의 손자 무하마드 술탄을 기리기 위해 지은 무덤인데 이듬해 중국 명나라 원정을 가던 중 병사한 본인도 이곳에 묻히게 되었다고 한다. 티무르 왕을 포함한 9명의 가족이 안장되어 있는데 황금색 음각으로 섬세하게 장식한 내부 인테리어는 왕과 일가족의 화려했던 일대기를 간접적으로 보여주는 듯하다.

그다음 향한 곳은 미르조 울르그벡 천문대이다. 티무르 왕과 손자인 미르조 울르그벡 시대의 우즈베키스탄은 당시 농사에 필수적이었던 천문학도 매우 발전한 시기였다고 한다. 천문대 반대편에 위치한 박물관에는 이러한 우즈베키스탄의 천문학이 당시 유럽과 중국을 거쳐 조선의 세종대왕께도 영향을 주었다는 기록이 있다. 시대는 좀 더 이르지만 최근 인터넷 포털 사이트나 유튜브 때문에 자주 접하게 되는 알고리즘이라는 용어도 이 지역 수학자인 알코와리즘에서 유래되었다고 한다.

  한국에서 온 출장자들과 함께 사마르칸트에 자주 와서인지 관광 가이드 없이도 이런저런 설명을 해 주던 아들이 점심은 관광객들이 항상 들린다는 사마르칸트 레스토랑으로 가자고 한다. 우즈벡 전통 식당다운 내부 인테리어와는 다소 이질적인 크리스마스트리와 산타 할아버지가 함박웃음으로 우릴 반겨주었다. 레스토랑에서 연말 파티를 하고 있는 현지 사마르칸트인들은 음악만 나오면 홀에서 댄스를 즐길 줄 아는 흥이 있는 사람들 인가보다.
  그다음은 사마르칸트의 랜드마크일 정도로 유명한 레기스탄을 방문했는데 결혼 야외 사진을 촬영하려는 신랑 신부들과 그 친구들이 한가득이다. 웅장한 15세기 이슬람 건축물 앞에서 나도 그들과 함께했다. 레기스탄은 모래땅이란 뜻으로 옛날에 모래뿐인 사막이었고 티무르 시대에는 대규모 노천시장이 있었으며 미르조 울르그벡 시대에 이르러 대학 건물이 하나씩 세워지기 시작한 후 3개의 학과 건물과 같은 메드레세가 건립되면서 레기스탄 광장은 이슬람 교육의 중심지가 되었다고 한다. 소련 시절의 이슬람 종교에 대한 탄압으로 다시 노천시장으로 변경되었다가 지금은 관광객과 기념품을 파는 상인들로 즐비한 유명 관광지로 남아 있는 듯하다. 3개의 건물이 제각각 설립한 사람의 이름을 딴 이름이 있는데 왼편에 제일 먼저 세워진 건물은 울르그벡 메드레세, 중간은 틸라카리 메드레세, 끝으로 오른편은 쉬르도르 메드레세이다.

 아들은 다른 기념품은 차치하고 울르그벡 메드레세 뒤편의 장인이 직접 소가죽 위에 이슬람 글자를 서예로 써주는 기념품은 가치가 있다며 그리로 가자한다. 나와 남편의 이름을 소리 나는 대로 받아 적어 이를 이슬람 서예로 옮기는 마스터의 솜씨는 가히 일품이다. 이곳에 여러 번 방문한 것을 표시라도 하는 듯 아들이 장인에게 장인의 자제분이 현재 한국에서 공부하고 있다고 한 것을 기억한다고 했더니 함박웃음을 지으며 이름 옆에 건강함과 행복을 기원하는 글귀를 더해준다. 나 역시 장인과 한국에서 유학 중이라는 자제분의 건강함과 행복을 기원한다.

 중간의 틸라카리 메드레세 내부에는 구르 아미르에서 본 화려한 금박의 음각 구조 인테리어가 더 웅장하게 장식되어 있었다. 각 메드레세의 교실 하나하나에는 기념품을 파는 상점들이 빠짐

없이 입주해 있다.

고구려 사신이 그려진 아프라시압 벽화를 볼 수 있다는 아프라시압 박물관을 들리려 했지만 타슈켄트로 돌아가는 고속철 시간이 빠듯해 기차역 근처 새로 지어진 힐튼 호텔 로비 바에서 커피 한잔으로 아쉬움을 달랬다. 중국 및 러시아가 주축이 된 NATO와 같은 집단안보체제인 상하이 협력 기구 정례 회의가 작년에 사마르칸트에서 개최되는 등 최근 8개의 새로운 호텔과 컨퍼런스 홀을 건립하면서 많은 국제적인 행사가 이곳에서 치러진다고 한다. 결국 고속철 표 구하기가 어려웠다는 넋두리인 것 같다.

오늘의 우즈베키스탄 문화 형성에 우리 민족도 가세했다. 이곳을 정벌하려 왔던 고구려 고선지 장군부터 소련 스탈린에 의해 강제 이주해 온 고려인들까지 실크로드 곳곳에 그 흔적과 애환이 서려 있는 듯하다.

세계 문화유산에 등재된 사마르칸트 뿐만 아니라 2500년 역사를 지닌 고도 부하라와 히바도 실크로드의 옛 정취와 현재를 만날 수 있는 여행의 보고라고 한다. 9 ~ 10세기 부하라 왕국(지금의 아프가니스탄)과 이란을 합쳐 놓은 나라의 수도 "부하라"는 한마디로 실크로드 관광의 핵심이다. 사마르칸트에서 부하라까지 차로 4시간가량 소요된다고 하는데 지금은 타슈켄트에서 고속철을 타고 3시간 20분이면 도착할 수 있다. 산스크리스트어로 불교 사원이라는 뜻을 지닌 부하라는 8세기 이후 중앙아시아 최대 이슬람 종교 도시로 탈바꿈한다. 한때는 사원이 197곳, 신학교가 167곳에 이를 만큼 종교가 번성했다. 지금도 거리 곳곳에는 9 ~ 17세기에 건설된 이슬람 사원, 모스크와 신학교, 메드레세 혹은 헤드레세 미나레트 (원 병합), 옥색 빛깔의 돔, 성벽 등 유적들이 잘 보존되어 있다. 유적이 밀집되어 있어 걸어서 들러 볼 수 있는 장점이 있는데 특별한 것은 유적지마다 예외 없이 카펫, 스카프, 공예품 등 전통 상품을 파는 상점들이 위치해 있다. 고색창연한 사원, 성벽, 학교 등 유적에 입주해 관광객을 대상으로 상거래에 나서는 실크로드 상인의 후예들이 실력을 유감없이 발휘하고 있다.

부하라의 랜드마크로 단연 칼란 마나레트를 꼽을 수 있을 것이다. 마나레트는 기도할 시간을 알리기 위해 세운 높은 첨탑으로 사원이나 신학교 옆에 세웠다. 페르시아어로 "크다"라는 뜻의 높이 46m에 이르는 마나레트는 1127년에 축조되었다는 사실이 믿기지 않을 정도로 견고하다. 흙벽돌을 달걀흰자와 낙타 젖으로 반죽해 쌓아 올린 것으로 탑 꼭대기에 불을 밝혀 사막의 등대 구실을 했다고 한다. 하지만 카라반에게 생명의 나침반 구실을 했던 것과는 달리 사의 탑으로도 악명이 높았다. 특히, 칼란 마나레트는 13세기 칭기스칸의 침입 때에도 건재할 수 있었는데 그 일화가 재미있다. 칭기스칸은 이곳에서 왕족과 군사들은 물론 700여 명의 어린이를 죽였을 만큼 잔인했다. 하지만 탑의 끝을 올려보다가 자신의 투구가 땅에 떨어지자 누구 앞에서도 모자를 벗은 적이 없었는데 이 탑이 내 모자를 벗겼다며 이 탑만은 무너뜨리지 말라고 명령해 온전할 수 있었다는 것이다. 아르크성도 부하라에서는 빼놓을 수 없는 유적지이다. 흙벽돌로 쌓은 성벽 높이가 20m 둘레가 78㎡ 면적이 4ha에 이른다. 2400여 년 전 처음 성이 만들어진 이래 부하라 왕국의 왕들이 거주했고 이후 18세기까지 복원을 거듭하여 지금의 모습을 전하고 있다. 성곽 내부에는 왕이 기도하던 사원과 사신을 맞던 광장, 감옥 등이 있고 전시박물관 등이 들어서 있다. 경비병에게 웃돈을 주고 미개방 지역에 들어가 성곽의 규모와 부하라의 전경을 감상할 수 있다.

새해 첫날은 우즈베키스탄 국가 재건의 중심인 타슈켄트 시티파크를 둘러보았다. 8개 블록으로 나뉘어 주거 단지뿐만 아니라 중앙아시아에서 가장 높은 51층 규모의 빌딩과 대형 쇼핑몰이 현재 건설되고 있고 중앙에는 공원을 조성하여 타슈켄트 시민들이 그들이 발전해 가는 모습을 한눈에 목도할 수 있는 공간을 제공하고 있다. 내년에 손녀와 이곳을 다시 방문하기로 약속했는데 그 때쯤이면 이곳은 지금 진행되고 있는 공사들이 어느덧 완공되어 타슈켄트의 핫플레이스로 변모해 있을 것으로 기대된다. 저녁이 되니 타슈켄트의 겨울도 많이 쌀쌀해진다. 타슈켄트 시티 파크에서 제일 먼저 완공되었다고 하는 힐튼 호텔의 로비 바에서 따뜻한 생강차를 마시며 우즈베키스탄의 정신없던 일주일을 돌이켜 본다. 여기저기 고층 건물이 건설되어 가며 현대식 도시로 점차 변모해 가고 있는 타슈켄트이지만 이곳에 사는 우즈베키스탄 사람들은 낯선 외국인에게도 미소를 짓고 인사를 건넬 정도로 여유로움이 가득하다. 아마도 예전 실크로드의 중심에서 이방인의 방문에 익숙했던 그들 선조의 마음이 아직도 서려 있기 때문이겠지.

아들 내외는 공항의 CIP 서비스를 준비하여 떠나는 날도 많은 인파의 부대낌 없이 출국할 수 있도록 해주었다. 늦둥이 손주를 보고 싶어 떠났던 멀다면 먼 여행길이었지만 우즈베키스탄을 지나는 실크로드의 어제와 오늘을 흠뻑 만끽할 수 있는 소중한 시간이었다. 귀국하는 기내에서의 해물탕은 일품이었고 글을 쓰는 지금도 첫돌을 앞둔 토미의 너무나 사랑스러운 웃음소리가 귓가에 아른거린다.

밀양 위양지를 찾아서

아침 일찍 채비하여 일행 4명은 위양지로 향했다. 이럴 수가. 위양지 등목에서부터 정체가 시작된다. 관광버스와 자가용들이 줄지어 거리를 가득 메우고 있다. 이르게 움직였기에 이런 상황이 될 거라고는 생각지 않았다. 주변 마을 안길에다 겨우 주차하고 한참을 걸어 도착한 위양지는 사람들로 넘쳐난다.

명지바람이 지나는 위양지 주변 청보리는 부드럽게 일렁이고 있다. 보드랍고 화창한 바람이 주는 싱그러움에 온몸을 적시며 행복감에 젖는다. 입구에서 각종 간식거리를 포장마차에서 팔고 있다. 주위에 마땅한 식당도 없고 해서 간단한 요기로 와플을 사서 나누어 먹었더니 그 맛이 참으로 일품이다.

입구에서 외국인이 팝송을 부르며 길거리 공연을 하고 있다. 오랜만에 딜라일라와 올드팝을 감명 깊게 감상하게 되었다. 그다음 가는 곳과 점심 요기를 위해 빠르게 이동하게 되면서 아쉬움을 달래어야만 했다. 잠깐이었지만 오랜만에 듣는 팝송을 생음악으로 감상하니 기분이 한결 좋아졌다.

먼저 연못 속에 누워 있는 나무 한 쌍이 한눈에 들어왔다. 이 나무는 연인으로 이름 지워져 있는 나무이다. 남성과 여성 한 쌍이 연인으로 서 있는 자세로 여성은 수면을 향해 드러누운 형태로 늘 서로를 바라보고 지켜주는 아름다운 모습을 하고 있다.

위양지는 신라와 고려 시대 이래 농사를 위해 만들어졌던 둑과 저수지이다. 위양位良이란 양민을 위한다는 뜻으로 현재의 못은 임진왜란 이후 밀주 부사가 쌓은 것이라고 한다. 원래는 논에 물을 공급하던 수리 저수지였지만 인근에 가산저수지가 들어서면서 본래의 기능은 상실했다. 지리적으로는 부북면 위양리 동쪽에 있으며 옛날의 양양 부곡으로 제명堤名도 거기에서 연유된 듯하며 양양제陽良堤라고도 부른다.

위양지는 저수지 안에 섬이 다섯 개 있다. 그중 두 개는 다리로 연결되어 드나들 수 있다. 그 섬 가운데에 고색창연한 완재정이 있다. 저수지 건너편에서 사진 촬영할 때 정면에서 보이는 건축물로, 위양지 경관의 화룡점정이라 할 만하다. 완재정은 안동 권씨 위양 종중의 입향조인 학산 권삼변을 추모하기 위해 후손들이 세운 정자이다. 따사로운 햇살을 받으며 완재정 마루에 앉아 있으니 참 편안하다. 효자 충신이었던 권삼변 선생은 만년에 여기에 정자를 짓고자 했으나 그 뜻을 이루지 못했다. 250년이 지난 뒤 후손들이 정자를 지었고, 여행객이 이런 호사를 누리고 있다.

저수지 호수 둘레에 있는 수백 년 된 이팝나무들은 봄이 되면 나무 전체가 하얀 꽃으로 뒤덮인다. 이팝나무는 꽃이 필 때 이밥(쌀밥)처럼 보인다고 하여 이밥 나무라는 이름이 붙었는데, 뒤에 이팝나무로 변했다고 한다. 또 꽃이 여름 길목인 입하立夏에 핀다고 입하목立夏木으로 불리다가 '이파나무', '이팝나무'가 되었다는 이야기가 있다.

제방에는 산책로가 있다. 숲길을 걷는데 이팝나무 숲이 나타난다. 봄이면 이팝나무꽃이 하얀 터널을 이루다가 튀밥처럼 길바닥에 쏟아진다. 저수지에선 화악산 그림자가 파르르 떨고, 하얀 구름이 두둥실 떠 있다. 아름다움을 넘어 평화로운 풍경이다. 숲속에선 새들이 노래하고, 저수지에선 오리들이 한가롭게 헤엄치고 논다.

굵은 소나무와 팽나무, 수백 년 연륜이 묻어나는 느티나무도 보인다. 저수지에 뿌리를 담그고 있는 나무도 있고, 나뭇가지를 저수지 물에 적시고 있는 왕버들 나무도 있다. 수백 년 살다 지친 것인지, 얼마나 모진 세월을 살아왔는지. 몸을 비틀고 서 있는 모습이 처연하다. 이팝나무가 물속에서 자라고 있는 모습은 이색적이면서 경이롭다. 아침에 피어오르는 물안개에 젖은 저수지가 몽환적인 분위기를 자아내는 모습을 담으려 전국각지에서 출사들이 모여들기도 한다.

위양못에는 여행객을 위해 마련해둔 정자도 있고 주변에는 포토존이 여러 개 설치되어 있다. 사실 일부로 마련된 포토존이 없어도 위양못 자체가 최고의 배경이 되어 주는 곳이다. 지방자치단체에서 찾아오는 여행객에게 좀 더 다채로운 즐거움을 선사하기 위해 다양한 포토존을 마련해 둔 것 같다.

언제, 누가 최초로 만들었는지는 밝혀진 것이 없지만 오랜 세월 같은 자리가 아름다움 하나로 지키고 있는 위양못. 일명 천년의 연못이라고 불리는 이곳은 사랑이 샘솟는 못이기도 하다. 봄에는 설탕 같은 이팝나무 꽃을 구경한다. 여름에는 서늘한 연못가 그늘이 있다. 가을에는 물 위에 그려진 계절을 감상할 수 있다. 겨울에는 눈 쌓인 완재정의 운치를 볼 수 있는 곳이다. 위양지는 그때마다 조용히 숨 쉬며 여행객에게 위로를 주고 말 없는 조력자가 되어 준다.

음악이 있는 곳에
박선옥 두번째 수필집

5

고통을 이겨내며

인간의 욕망과 중도적 삶

펜데믹 세상

참된 우정과 믿음

향기와 냄새

먼저 잘해주기

말벌 사냥꾼 '벌매'

고통을 이겨내며

"초인이란 고통을 이기어 나가는 사람일 뿐 아니라 그 고통을 사랑하는 사람이다." 실존주의 철학자 니체의 말입니다. 우리는 고통 속에 산다고 해도 과언은 아닙니다. 고통은 언제나 우리가 살아있는 한 존재하는 것. 언제나 우리와 함께 있습니다. 이 세상에서 고통 없이 사는 사람은 없을 것입니다. 고통을 맛보지 않은 사람도 또한 아무도 없습니다.

고통은 항상 우리를 아프게 하고 어둡게 하고 괴롭게 합니다. 하지만 그 고통의 가치는 항상 있다고 생각됩니다. 때로는 고통이 너무 힘들어서 너무 괴로워서 우리를 언제나 어두움과 우울로 슬프게 합니다. 하지만 그 고통의 터널이 지나면 평화의 시간입니다. 아프고 괴로워했던 시간만큼이나 의미와 보람으로 다가오는 것임을 생각합니다.

고통 앞에 좌절하는 것은 인생의 삶을 포기하는 것과 같습니다.

고통 앞에 포기하는 것은 인생을 사랑하지 않는 것과 같습니다. 인생은 어떻게 생각해보면 고통으로 엮어져 간다고도 할 수 있을 것입니다. 고통 앞에서 의연히 살 줄 알고 고통 앞에서 꿋꿋이 살 줄 아는 것. 그런 삶이 인생을 살 줄 안다고 할 수 있을 것입니다.

인생은 결코 허술하게 가볍게 살아지는 것이 아님을 생각합니다. 인생은 결코 아무렇게나 살 것이 아님을 생각합니다. 고통을 사랑하겠다는 말을 한 철학자 니체의 말에 무한한 공감을 보내고 싶습니다. 고통을 사랑하기 시작했을 때 비로소 새로운 삶의 의미가 시작됩니다. 또한 삶의 가치는 새로운 의미로 쓰이게 되리라 생각합니다.

유대인 집단 수용소에 갇혀있으면서 어느 유대인 소녀가 이런 말을 했습니다. "내일부터는 슬퍼지겠지. 오늘이 아니고 내일부터는. 오늘은 기뻐할 거야 매일같이 어려운 일이 닥쳐와도 나는 이렇게 말하리. 내일부터는 슬퍼지겠지. 오늘이 아니고 내일부터는. 오늘은 기뻐할 거야." 이 소녀의 마음은 위대한 삶의 의미를 깨달은 것처럼 생각됩니다.

우리의 삶도 이렇게 어떤 경우든지 의연해야 하지 않을까 하고 생각합니다. 이 소녀가 우리에게 삶은 어떻게 살아야 할지를 또 하나 의미를 던져주는 것임을 생각합니다.

이 세상에서 신神이 인간들과 함께 살았던 그 시절의 이야기입니다. 하루는 호도원 주인이 신神을 찾아와 말했습니다. "신神이시여 저에게 일 년 날씨만 맡겨주도록 하십시오. 딱 1년만입니다." 그래서 신神은 호도원 주인에게 말했습니다. "그래 너에게 1년만 날씨를 맡기노라. 너의 마음대로 날씨를 다스리도록 하라."

호도원 주인은 1년만 신神에게 날씨를 위임받았습니다. 호도원 주인은 원하는 대로 날씨를 조절했습니다. 햇빛을 내리고 싶으면 햇볕을 내렸습니다. 그러나 따가운 햇볕은 내리지 않았습니다. 그저 알맞은 햇살만 적당하게 내리게 했습니다. 비를 원하고 싶으면 비를 내렸습니다.

호도원 주인은 농사에 적당하게만 그러나 덜 여문 호도를 떨어지게 하는 바람은 없었습니다. 자연히 비바람 부는 밤은 없었습니다. 천둥도 없었습니다. 모든 것이 순조로웠습니다. 호도원 주인은 그저 나무 아래서 잠만 자면 되었습니다. 그렇게 1년이 갔습니다.

드디어 추수할 때가 되었습니다. 그해 농사는 아주 풍작이었습니다. 주인은 아주 만족한 미소만 지었습니다. 드디어 호도를 수확했습니다. 산더미같이 호도가 쌓였습니다. 호도원 주인은 호도 하나를 깨었습니다. 그러나 이게 어찌 된 일입니까. 열매가 부실했습니다. 저에게 분명히 1년간 날씨를 맡겨주시고는 어쩌자고 저의 호두 농사를 망치십니까. 신神에게 따졌습니다.

신神은 한참을 침묵하고 나더니 말했습니다. "모든 열매는 반드시 뜨거운 햇빛과 목이 타들어 가는 목마름과 가뭄 그리고 덜 여문 열매는 떨어뜨리는 아픔을 겪어야 한단다. 곧 도전이 있어야 열매도 맺는 것이란다. 그런데 너는 일 년 동안 늘 시원한 날씨와 조금의 비바람과 알맞은 비만 내렸지. 폭풍우도 비바람도 아픔도 없지 않았냐." 그러자 호도원 주인은 할 말이 없었습니다. 고개를 숙인 채 다시 집으로 돌아갔습니다. 이 이야기는 우리에게 고통의 가치와 고통의 필요함을 말해줍니다. 고통은 삶에 있어서 오히려 삶을 성숙시킵니다. 고통이 있으므로 또한 축복이 있는 것입니다.

모든 고통에는 의미가 있다고 성현들은 말합니다. 아무리 고통이 길다 하더라도 반드시 끝이 있습니다. 시간이 지나면 그 고통은 축복으로 이끌어 줍니다. 그래서 시간은 고통은 이기어 내는 또 하나의 길이라고 말합니다.

우리는 고통을 잘 인내하고, 잘 받아들일 필요가 있습니다. 고통이 없는 삶은 또한 의미가 적다고 말할 수 있을 것입니다. 고통을 잘 인내하고, 고통을 잘 받아들이는 사람들이 현명하다고 생각합니다. 언젠가는 우리가 인내한 삶의 고통이 축복의 열매로 달려 있을 것입니다.

인간의 욕망과 중도적 삶

중국 고사에 이런 이야기가 있다.

어느 날 황제와 황후 그리고 승상, 세 사람이 앉아, 담소하면서 황제가 이러한 제의를 했다. 평소에 다른 사람에게 말하고 싶지 않은 자기만의 비밀스러운 이야기를 툭 터놓고 이야기하자. 만일 우리 세 사람이 각각 하는 말이 사실이라면 대궐에 있는 뽕나무가 소리치며 울 것이라고 말했다.

먼저 황제가 말하기를 "나는 이 나라의 황제로서 모든 것이 다 내 아래 있는 것들이지만 때로는 신하들이 나한테 좋은 보물을 가져다주면 내 마음이 심히 기쁘다." 그러자 뜰에 있는 뽕나무가 바람에 날리면서 윙하고 울었다.

그다음으로 승상이 입을 열었다. "나는 이 나라의 통치자로서 한 사람만 제외하고 다 내 아래 있지만 매일 황제께서 앉으신 옥좌를 바라볼 때마다 나도 한번 저 자리에 앉아 보았으면 하는 생각이 듭니다." 이번에도 뜰에 있는 뽕나무가 바람에 날리면서 윙하고 울었다.

　마지막으로 황후가 말했다. "나는 한 지아비를 섬기는 사람이지만 어전회의에서 가끔 문무백관들 틈에 젊고 건장한 신하가 있으면 저 사람과 같은 관계를 가져 봤으면 하는 생각이 듭니다."

　그러자 역시 뜰 앞의 뽕나무가 윙하고 울었다는 3상三桑의 고사 이야기다. 수천 년 전이나 지금이나 하나도 변하지 않는 인간의 기본 욕망과 본능을 잘 말해주고 있다.

　인간은 누구나 태어나면서부터 본능적으로 즐거움을 추구한다. 고통을 고통스럽게 받아들이는 상념이 있다. 인간이 살아가는 데 필요로 하는 3대 요소 즉 입고, 먹고, 거주하는 의식주衣食住 에 있어서도 마찬가지다.

　인간은 아무 때고 어디서나 원할 때 배부르게 먹고 포만감의 즐거움을 즐기려고 한다. 3일 굶어 남의 집 담 안 넘는 사람 없다. 인간이 굶주린 상태가 되면 점잖은 체면도 고매한 인품도 한낱 물거품에 지나지 않는다. 요즘 말하는 소위 세계 시장의 경제원리라는 것도 따지고 보면 밥그릇 싸움이다.

　주린 배를 실컷 채우기 위한 먹는 단계가 지나면 좀 더 좋은 음식을 찾게 된다. 미식이니 건강식이니 자연식이니 하여 음식의 양에서 음식의 멋과 맛을 추구한다. 심지어는 곰 발바닥, 산 원숭이의 골, 뱀, 달팽이, 개탕, 제비집, 상어 지느러미 등 해괴한 음식도 즐긴다. 식탁의 향연을 베풀고 먹는 본능을 희롱하여 생을 맘껏 즐기려 든다.

옷도 그러하다. 옷은 추위를 막아주고 살갗을 보호해 주기 위해 필요했다. 이제는 무슨 패션쇼니, 유행이니 하여 갖은 모양의 디자인을 한 옷과 수백 가지의 천의 종류는 이루다 형언키 어렵다.

잠자리 날개같이 날렵하고 투명한 옷감은 미끈한 여인의 곡선미와 우윳빛 살갗을 유감없이 드러내기에 충분하다. 세계적인 디자이너가 만든 옷들은 상상이 안 될 정도로 가격이 비싸다. 속없는 여인들은 값비싼 디자이너의 옷을 몸에 둘러라도 놓고 텅 빈 자신을 감싸려고 한다.

주택 또한 그러하다. 집은 비·바람을 막아주는 생활의 터전이었다. 주택의 문화가 이젠 투기의 대상이 된 것은 어제오늘의 이야기가 아니다.

큰 집에 거드럭거리며 살아보고 싶은 것이 어디 잘못되었다는 이야기는 아니다. 최소한 내 집 없이 전세방을 전전하는 이웃에 대한 배려하는 마음도 가져야 할 것이다.

요즘 인도의 고행주의자들의 이야기가 세계의 주목을 받고 있다. 그들은 이생에서 많은 육체적 정신적 고통을 견디고 이겨내야 내생에 더 좋은데 태어난다고 생각한다. 하여 감히 범인들은 흉내도 못 낼 고행을 한다고 한다. 예를 들면 섭씨 40도가 넘는 뜨거운 햇볕 속에 옷을 벗고 앉아서 명상에 잠긴다. 때로는 프라이팬처럼 뜨겁게 달아오른 바위 위에 가시덤불을 깔고 엎드려 있다든지 하는 행위를 한다.

그러면서 그들은 "두카쑤카 쑤카두카"를 염불처럼 하고 있다. 입으로 "즐거움이 고통이고, 고통이 즐거움이다"를 왼다는 것이다. 그들은 실제 몸으로 수도를 통해 실천하고 있는지도 모를 일이다.

대형 호화아파트에 물침대 들여놓고 사는 부자들과 인도의 수행승들의 생활 양상은 너무나 대조적이다. 그들의 사는 방식을 비교하면서 많은 생각을 떠올리게 된다.

한 부류는 인간은 유한한 존재이다. 죽은 다음 별것 있나. 살아서 마음껏 즐기고 누리면 그만이라고, 생각한다. 그들은 남을 착취하고 권력을 휘두르며 일신의 영화와 안락을 추구한다. 몸뚱이의 말초신경 자극에 급급하는 삶을 지향한다. 오늘의 딴또리스트들이다.

다른 부류인 고행주의자들은 추악한 삶을 거부하고, 생을 역으로 산다. 먹는 것도 아주 거친 음식으로 하루 한 끼로 만족한다. 입는 것은 버려진 천 조각을 주워다이어 만든 것 아니면 아예 나체로 지낸다. 그리고 주택은 아예 없다. 하늘이 이불이고 땅이 요이다. 그리고 직장은 오직 고행을 필요로 하는 뜨거운 바위와 가시덤불 그것이다. 오직 현세에서 스스로 찾아 수행하는 고행이 낙을 잉태한다는 절대 형이상학의 관념만이 존재할 뿐 삶의 육신적인 즐거움을 강하게 거부한다.

   절대적 물질만도 절대적 정신만도 있을 수 없다. 우리는 정신반 물질반도 반죽된 존재이다. 아니 더 엄밀히 말하면 물질 속에 정신이 정신 속에 물질이 상호 하나로 교차되어 있는 존재다. 고행과 쾌락의 양극만을 버린, 즉 이 시대를 지배하는 흑백의 이원적 논리를 극복하고 중도적 사고를 정착했으면 한다. 고苦가 낙樂이고 낙樂이 고苦인 줄을 알고 물질이 정신이고 정신이 물질인 줄을 알면 우리는 중도적 삶을 산다고 할 것이다.

펜데믹 세상

　인류의 기대 수명은 엄청나게 개선되었다. 인간은 여전히 언젠가 죽는 존재이다. 그럼에도 우리는 죽음을 삶의 일부로 받아들였던 옛날 사람들과 달리 이를 낯선 것으로 보게 되었다.
　우리 개개인 모두는 언젠가 종말을 맞기 마련이고, 궁극적으로는 인류도 그렇게 될 것이다. 세계의 모든 종교뿐만 아니라 무수한 세속적 이데올로기들 또한 이러한 종말을 실제보다 더 가까이 임박한 것으로 보이게 만들어왔다. 하지만 우리가 정말로 두려워해야 할 것은 세상의 종말이 아니라 대규모 재난이다.
　인류 역사상 벌어진 대규모 재난들 중 가장 규모가 컸던 것은 팬데믹과 전쟁이었다.' 코로나 이후 세상은 어떻게 바뀔 것인가를 생각해보기도 전에 새로운 변이의 무서운 전파 속도로 또다시 전 세계가 팬데믹에 빠졌다. 백신을 맞아도 맞지 않아도 무시무시한 전염병은 사라지지 않고 끊임없이 변이되고 있다.

이제 세상은 종말을 이야기하지 않는다. 눈부신 의학 발전 기술조차 코로나 감염 전파 확산에 큰 도움을 주지 못하고 있다. 뉴스에서는 신규 확진자 급증 숫자와 중증 환자, 사망자 통계 수치를 내놓고 있지만 2년의 세월 동안 마스크를 쓴 채 살아가게 되니 이제 이런 수치 속에 나도 포함될 수 있다는 생각을 하게 된다. 개별적인 죽음은 비극이지만 내가 살지 않은 곳에서 발생하는 죽음은 그저 흘려듣는 뉴스처럼 느껴질 뿐이다. 최첨단 기기로 고도로 연결된 네트워크 세상에서 확산된 전염병은 점점 가속화되어 예측이 불가능한 세상이 되었다.

이런 대재앙을 의학적 치료와 함께 정치가 해결할 수 있을까.

19세기 비약적인 산업화로 영국 런던 시민은 템스강 인근 제조 공장에서 내뿜는 독성이 강한 석탄과 각 가정의 난방 연료로 인해 폐 질환에 시달리며 이로 인한 사망자 숫자가 전쟁에서 전사한 사람들 숫자를 앞질렀다. 대의제 정부는 '연기 발생 저감 법안'을 만들었지만 이후 발생한 스모그로 인해 최악의 사망자들이 속출하는 것까지 막지 못했다. 민주주의 제도는 치명적인 질병도 전쟁도 예방하지 못했다. 중세 시대에 창궐했던 흑사병, 페스트, 고대 로마의 폼페이, 체르노빌 원전 사고, 에이즈 확산, 독감, 에볼라, 사스 그리고 코로나까지 역사 속에서 발생한 치명적인 전염병과 재난 그리고 재앙 앞에 인간이 만든 제도는 제대로 대처하거나 대응하지 못했다. 재난과 재앙은 언제 어디서든지 발생한다.

민주적 제도가 모든 재난의 안전장치가 되지 못한 것처럼 제도는 불완전하고 인간은 항상 실수를 반복한다.

참된 우정과 믿음

 사람들은 군중 속에 파묻혀 산다. 그런데도 현대인들이 가장 불행한 조건 중의 하나는 외로이 고독하게 살고 있다는 일이다. 우리는 미국의 저명한 사회학자 D.리스먼이 쓴 『고독한 군중』처럼 모두가 고독에서 헤어나지 못하고 있다.

 어쩔 수 없이 제가끔 저 홀로일 수밖에 없는 인간의 고독 때문에 우리는 친구를 필요로 한다. 친구는 우리의 삶을 아름답게 하고, 삶을 풍요롭게 만든다. 우리가 삶의 아픔과 시련으로 지쳐 있을 때 다정한 친구의 위로는 언제나 우리에게 더없는 위로가 된다.
 친구는 서로의 신변을 보호해 주는 울타리이고 후원자다. 때에 따라서는 부모처럼 감싸주고, 평소에는 형제처럼 의논하여 어려울 때는 위로와 격려를 아끼지 않는다. 그러므로 참으로 좋은 친구가 된다는 것은 어려울 때 서로 협력할 수 있는 친구라야 한다.

'어려움은 반으로 나누면 반으로 줄고 기쁨을 나누어 가지면 기쁨은 배로 는다.' 라는 말은 경험이 가져다주는 진리다.

 어려움에 부딪쳤을 때 찾아갈 사람도 없으며 같이 의논할 상대도 없다면 우리들의 일상이 얼마나 외롭겠는가. 서로 믿고 의지할 수 있으며, 고난과 역경을 함께 뚫고 나갈 친구가 없다면 그의 생애가 얼마나 적막할 것인가. 반대로 그다지 부귀하지 않은 사람이라도 그에게 진실한 벗이 있다면 그는 진실로 풍요로운 인생을 누릴 것이다. 우리가 이 세상을 떠날 때까지 진실을 말할 수 있는 친구, 정직을 말할 수 있는 친구, 사랑을 말할 수 있는 친구가 있다면 행복한 사람이다.

 어떤 친구가 참다운 친구인지 평소, 진지한 도움과 막대한 희생이 따른다. 또 하나는 마지막 이 세상을 떠날 때 꼭 만나서 후사를 부탁할만한 친구다.

 옛사람들은 벗에는 사우死友와 생우生友가 있다고 했다. 사우死友는 죽어서까지 잊을 수 없는 벗을 이르는 것이요. 생우生友는 살아서 서로 교류가 있을 때는 친밀하게 지내지만, 사후에는 쉽게 잊어버리는 벗을 말하는 것이다.

 사우死友에 대해 중국 고사에 이런 이야기가 전해진다.

 후한後漢 때 범거경范巨卿과 장원백張元佰. 둘은 참으로 친한 사이였다. 장원백이 병으로 자리에 눕자 범거경은 멀리에 있는 관계로 문병을 가지 못했다. 한 고을에 사는 질군장桎君章과 은자징殷子徵이란 두 친구가 문병을 갔었다. 장원백이 '나의 사우死友를 보지 못하고 죽는 것이 한스럽다'고 탄식하였다. 이 말을 섭섭하게 받아들인 은자징이란 친구가 '나와 자네와 군장 세 사람은 남이 부러워할 만큼 친한 벗인데 도대체 누가 사우死友란 말인가? 하고 물었다.

원백은 '겉으로는 가까웠던 자네들은 나의 생우生友요 마음 구석구석까지 허물없이 사귄 범거경만이 나의 사우死友라네' 하였다. 원백이 세상을 떠나던 날 밤, 꿈에 원백이 나타나 자신의 죽음을 알려주었다. 아차 하고 꿈을 깬 범거경은 그길로 문상길을 떠났으나 거리가 워낙 멀었다. 범거경이 도착하기도 전에 발인했는데, 상두꾼들이 잠깐 쉬어 가는 중도에서 무슨 까닭인지 상여가 땅에서 떨어지질 않았다. 그의 모친이 상여를 어루만지며 모든 미련을 버리고 곱게 떠나라고 달래어도 소용이 없었다.

그러는 중에 드디어 수레에 탄 범거경이 나타났다.

범거경이 관을 두드리면서 '원백이, 죽음과 삶의 길은 다르다네. 자네가 내가 아무리 그러지 않으려 해도 이 세상에서의 인연은 이제 끝났다네 이다음 세상에서 다시 만나세' 하고 크게 슬퍼하며 상여 줄을 잡아끌자 비로소 상여가 움직였다고 한다.

이런 얘기 외에도 우리는 관포지교管鮑之交에 대한 이야기며, 적의 점령지구 안으로 아슬아슬하게 침투하여 임무를 수행하는 정찰대의 감동 어린 우정 이야기도 자주 들어왔다.

정찰대원들은 적의 진지 안으로 침투하여 적의 정세를 탐지하고 재빨리 돌아와야 했다. 그런데 그중에 한 명이 행방불명이 되는 불상사가 생겼다. 그러나 더이상 찾을 수가 없었고 모든 대원의 안전을 위해서는 돌아서지 않을 수 없었다. 그때 한 병사가 그곳에 남을 것을 지원했다. 전우의 생사를 꼭 확인해 보겠다는 우정 어린 간청이었다. 마지못해 대장은 허락했다. 몇 시간 후에 그 병사는 무사히 돌아왔으나 역시 혼자였다.

'소용없을 줄 알았다. 자네에게 공연한 모험을 시킨 것이 됐군.'

대장이 이렇게 말하자 사병은 고개를 저었다.

'대장님, 해볼 만한 모험이었습니다. 그를 발견했을 때 그는 아직도 살아있었습니다. 그가 죽기 전에 그를 위해서 할 수 있는 일을 한 것입니다.'

나(I)와 너(YOU)는 없고 나(I)와 그것(IT)만 있는 오늘날의 각박한 세태다. 관중과 포수의 우정 이야기나 전투 정찰대의 우정은 정말 아름다운 산울림처럼 우리의 귓전에 여운을 오래도록 남겨준다.

나는 생우, 사우가 될 수 있는 좋은 친구를 몇이나 가지고 있는

가? 이런 질문에 '별로 없다' 는 대답은 불행한 일이다. '물론 있지' 라고 자신 있게 대답할 수 있다면 행복한 사람이다. 그러나 문제는 '좋은 친구' 인 것이다. 친구를 갖는다는 것은 친구를 사랑한다는 뜻이다. 참다운 사랑이 있는 곳에는 언제나 깊은 우정, 좋은 친구가 있게 마련이다. 그의 벗을 보면 그 사람을 알 수 있다고 했다.

좋은 친구를 갖는다는 것은 내 인격의 완성뿐 아니라 진실로 풍요로운 인생을 누리게 하는 길이기도 하다. 진정 가파르고 험난한 인생행로에서 그 옆에 따스한 눈길을 보내주는 벗의 우정이 있다는 것은 복인 동시에 경사가 아닐 수 없다.

우리는 참된 우정과 믿음의 사람들이 되어서 무엇보다도 친구를 잘 알고, 친구를 잘 사랑하는 사람들이 되었으면 한다.

향기와 냄새

문득 엉뚱한 생각이 들곤 합니다. '나이가 들수록 젊어질 수 있을까? 있다면 그게 무엇일까.' 나이는 '신체 나이'와 '정신 나이'로 나눌 수 있습니다. 신체 나이는 어쩔 수 없겠지만, 정신 나이만큼은 우리가 어떤 태도로 사느냐에 따라 얼마든지 젊어질 수 있다는 생각을 가끔 합니다.

늙음과 젊음의 차이는 바로 '호기심'입니다. 어린아이는 호기심을 충족시키기 위해 행동하고, 그 행동을 통해 새로운 것을 배워 나갑니다. 이런 태도가 아이를 성장시킵니다.

그러나 어른의 경우는 이미 안다고 믿고 있어서, 또는 하나를 보면 열을 안다며 새로운 것에 눈과 귀를 쉽게 열지 못해 새로운 것을 배울 기회를 스스로 놓치곤 합니다. 비록 신체 나이는 많아도 어린아이처럼 호기심으로 세상을 마주하면 달라집니다. 귀를 열고 경청하며 그로 인해 새로운 것들을 날마다 배울 수 있습니다.

철학자 니체도 "우리는 자주 오해를 받는다. 계속 성장하고 변화하기 때문이다. 우리는 봄이 되면 껍질을 벗고 새 옷을 입는 나무와도 같다. 우리의 정신은 늘 젊어지고 더 커지고 더 강해진다"고 말합니다.

계절의 변화에 저항하는 것이 아니라 변화에 따른 불편을 있는 그대로 받아들여 자신을 바꿔가며 삶의 풍요를 구가하는 나무처럼 인간의 삶도 강한 호기심을 잃지 않고 살아갈 때 성장과 풍요를 일궈낼 수 있습니다.

세상에는 두 가지 종류의 사람이 있습니다. 향기 나는 사람과 냄새나는 사람, 단어자체만 놓고 보면 왠지 향기는 좋은 것 같고 냄새는 고약한 것 같습니다. 사실 냄새도 똑같이 후각에 의해 느끼는 감각인데 냄새난다고 하면 뭔가 구리고 고약한 것이 연상됩니다.

우리는 일상에서 향기로운 사람과 마주치기도 하고 냄새나는 사람을 만나기도 합니다. 그 누구도 자기 자신이 냄새나는 사람이 되고자 하는 사람은 하나도 없는데 신기한 일입니다. 우리 주변에는 냄새나는 사람들이 의외로 많습니다.

예를 들면 길 가면서 담배를 피우는 사람, 정작 본인은 그 독한 냄새를 못 느끼지요. 하지만 지나치다 그 담배 연기를 본의 아니게 들이마신 경험이 있는 분들은 모두가 아실 겁니다. 얼마나 불쾌한가를, 순간 욕이 치밀어 오르기도 합니다.

내가 좋아하는 담배라고 해서 주위 사람들에게 폐를 끼치게 된다면 자기 폐도 망가지고 주위에 폐도 끼치게 됩니다.

공공장소에서 질서를 지키지 않는 사람들에게서도 냄새가 납니다. 음식점에서 마치 자기들만 있는 그것처럼 소란스럽게 떠들어 대며 식사하는 사람들이 아무리 진수성찬으로 차려 먹어도 그건 그저 냄새나는 모습일 뿐입니다.

의외로 우리 일상에서 향기로운 사람을 만나는 것 역시 그렇게 어렵지는 않습니다. 만원 지하철에서 힘겨워 보이는 승객에게 웃으며 자리를 양보해 주는 사람에게서 향기가 납니다. 매일 힘들게 일하며 모은 돈을 어려운 이웃을 위해 선뜻 내어주는 할머니에게 진한 향기를 느낄 수 있습니다.

불의에 맞서 없는 힘이지만 모든 것을 바치는 약자들의 큰 용기에서 생전 처음 느껴보는 진정한 향기를 맡아봅니다. 우리가 살면서 해야 할 일들이 참 많습니다. 어떻게 살 것인가에 대한 고민도 참 많습니다.

향기 나는 삶을 살고자 한다면 그 많은 해야 할 일들도, 고민도 간단하게 해결이 됩니다. 향기 나는 사람들로 향기가 넘치는 사회, 말만 들어도 행복하게 느껴집니다.

'향기' 와 '냄새' 는 서로 다른 뉘앙스를 풍깁니다. 향기는 사람들을 좋아하지만, 냄새는 왠지 역겨운 느낌이 듭니다. 향기는 사람을 불러들이지만, 냄새는 사람을 쫓아 버립니다. 그렇다면 무엇이 향기와 냄새를 결정할까요. 이를 나는 '결과' 와 '과정' 이라고 생각합니다.

결과에 집착하는 사람은 이기적인 삶을 살기가 쉽습니다. 결과를 내기 위해서는 경쟁자의 발을 걸어 넘어뜨려야 할 것이고, 그 결과를 냈을 때는 교만이 하늘을 닿을지도 모릅니다. 이런 사람에게서는 향기가 아니라 역겨운 '냄새' 가 납니다. 그러나 과정에 의미를 두고 살아가는 사람은 고독 자체를 기꺼이 즐겁게 받아들입니다. 좋은 결과를 내기 위해서는 힘든 과정을 반드시 거쳐야 한다는 걸 알기에 즐길 수 있는 거지요. 그러다 보면 결과는 자연스럽게 따라옵니다. 결과는 과정의 부산물이니까요.

그 과정에는 수많은 난제가 있을 테고 그걸 해결하기 위해 책을 펴고 귀를 엽니다. 그런 태도가 성장과 발전으로 이어지는 결과를 만들어냅니다. 이런 삶을 살아가는 사람이 향기 나는 사람입니다.

이런 이유로 '호기심'의 전제는 '겸손함'이라고 할 수 있습니다. 내가 부족하다는 것을 받아들이지 않고 '나는 모든 것을 다 안다.' 즉 교만할수록 호기심은 사라지고 성장은 멈춰 버립니다. 이렇게 살면 고인 물이 썩듯이 정신 연령도 썩어 버리고 맙니다. 신체 나이는 어쩔 수 없어도 정신 나이만큼은 마음가짐에 따라 누구나 젊게 살아갈 수 있습니다. 호기심과 겸손함으로 세상을 대한다면 향기를 머금은 젊은 어른이 될 수 있다는 것. 이것이 노인 어른이 된 우리의 희망이 아닐까요.

먼저 잘해주기

사람은 누구를 막론하고 혼자 살 수 없습니다. 먹고 입는 일만 해도 농부의 땀과 직녀織女의 수고가 아니면 불가능합니다. 이렇게 생각하면 이웃이야말로 참으로 고마운 사람들입니다. 이웃이 아니면 내가 존재할 수 없다고 해도 틀리지 않습니다.

그런데 사람들은 가끔 이 고마움을 잊고 사는 수가 있습니다. 공연히 남을 믿지 못하고 미워하는 것이 버릇된 사람도 있습니다. 이런 사람들은 언제나 상대는 나쁜 사람, 가해자加害者이고 자신은 좋은 사람이고, 피해자被害者라는 고정관념에 사로잡혀 있습니다.

상대가 나빠서 자신이 아무리 잘하려고 해도 관계가 개선되지 않는다고 불평합니다. 모든 것이 상대방의 탓이지 자기 탓이 아니라는 것입니다.

그러나 이는 잘못된 생각입니다. 먼저 남에게 호의를 베풀지 않고 남이 나에게 잘해주기만을 바라는 이기심利己心입니다. 이것이 인간관계를 나쁘게 합니다. 문제의 소재는 남에게 있는 것이 아니라 자신에게 있다는 말입니다.

　옛날 사이가 나쁜 시어머니와 며느리가 있었습니다. 시어머니는 며느리를 사사건건 트집을 잡고 못살게 굴었습니다. 남편에게 말해 도움을 청했지만 이를 안 시어머니의 구박은 더욱 심했습니다. 참다못한 며느리는 의원을 찾아가 사실을 털어놓고 시어머니가 돌아가실 약을 지어달라고 했습니다. 의원은 고개를 끄덕이더니 약을 지어주며 매일 떡 속에 넣어드리면 1년 뒤에는 아무도 눈치 채지 못하게 죽게 된다고 일러주었습니다.
　며느리는 이튿날부터 하루도 거르지 않고 찹쌀떡에 약을 넣어 시어머니께 드렸습니다. 시어머니는 처음에 이런 떡이나 먹고 넘어갈 줄 아느냐고 했습니다. 하지만 하루도 거르지 않는 며느리의 정성이 점점 기특해지기 시작했습니다. 아침저녁으로 공손한 말씨로 정성을 다하는 며느리가 좋아졌습니다. 그동안 내가 괜히 심하게 시집살이를 시켰구나, 후회되었습니다. 이렇게 생각이 들자 시어머니는 며느리를 아끼고 사랑하게 되었습니다.
　시어머니의 태도가 바뀌자 며느리의 마음도 착해졌습니다. 며느리는 후회 막급했습니다. 의원에게 쫓아가 눈물로 호소하며 해독

할 약을 청했습니다. 그러자 의원은 이렇게 말했다. "지금처럼 계속 약을 떡 속에 넣어드리시오. 그 약은 독약이 아니고 꿀이니까."

 예부터 고부간의 갈등은 풀 수 없는 매듭처럼 생각하는 사람이 많지만 절대 그렇지 않습니다. 매듭을 풀지 못하는 것은 생각이 부족하고 지혜가 없기 때문입니다.
 며느리의 처지에서 시어머니는 참으로 고마운 분입니다. 사랑하는 남편이 시어머니가 없었다면 어찌 자신과 인연을 맺을 수 있었겠습니까. 반대로 시어머니의 처지에서도 며느리는 참으로 귀여운 존재입니다. 내가 낳은 귀한 자식과 짝이 되어 고생하는 것을 생각하면 매일같이 등이라도 다독거려주지 않을 수 없습니다.
 비단 며느리와 시어머니의 관계뿐만 아니라 모든 인간관계가 다 그렇습니다. 남편과 아내, 자식과 부모, 스승과 제자, 친구, 이웃은 나에게 분이 넘치도록 고마운 사람들입니다. 자식이 없다면 얼마나 쓸쓸할 것이며 이웃이 없다면 과연 내가 이렇게나마 존재할 수 있을까. 그렇지 않다는 대답이 나온다면 우리는 그 이웃을 위해 남을 위해 먼저 잘해주어야 합니다. 이렇게 하면 결코 나를 섭섭하게 하는 일이 생기지 않습니다.

 항상 존경할만한 것은 존경하고 섬길만한 것은 섬길 줄 알아야 합니다. 네가 먼저 널리 베풀고 두루 섬길 줄 알아야 합니다. 문제해결의 명약은 '서로 사랑'입니다.

'네가 먼저 베풀고 두루 사랑하며 연민하는 마음을 가져라. 그러면 천신天神도 칭찬할 것이다.' 유행경遊行經에서 부처님이 가르치신 세상사는 법입니다. 마음이 편안해지려면 이 말씀대로 살 일입니다.

말벌 사냥꾼 '벌매'

텔레비전에서 자연 다큐를 즐겨본다. 오늘 주인공은 말벌과 벌매다. 양봉업자들이 가장 두려운 존재가 말벌이다. 말벌은 곤충계 최상위 포식자. 같은 곤충 중에서는 천적이 없다. 자연 속에서 가장 큰 적은 벌집을 노리고 공격해 오는 반달가슴곰이나 오소리와 같은 잡식성 포유류뿐이다.

기원전 2600년 전 고대 이집트 왕의 무덤 벽에 왕이 벌에 쏘여 숨졌다는 상형문자가 처음 등장했을 만큼 인간과 벌이 함께한 역사는 길다. 요사이 벌에 쏘이는 사고가 자주 보도되고 있다. 특히 말벌 사고가 급증해 119 출동이 잦아지고 있다.

기본적으로 벌은 자신보다 훨씬 큰 존재인 사람을 함부로 공격하지는 않는다. 단지 자신을 위협하거나 집이나 새끼를 공격한다고 느낄 때 공격한다. 꽃에 있는 벌을 함부로 건드리거나 샴푸나 화장품 냄새, 달콤한 음료수, 아이스크림 냄새가 강하게 날 때,

실수로 벌집을 건드렸을 때 공격을 한다. 특히 검은색이나 진한 색 옷을 입었을 때 벌은 곰이나 오소리로 착각하여 공격한다.

누구나 겁내는 무섭기로 소문난 말벌을 주식으로 하는 새가 있다. 이름이 벌매다.

양봉업자들에게 악몽이라고 생각할 수 있는 장수말벌을 싹쓸이 청소해주는 벌매, 길고양이 사냥꾼인 수리부엉이와 같은 맹금류이다.

벌매는 유조(어린새)일 때는 '포스 철철' 늠름한 맹금류다운 외모를 자랑한다. 성조(어른 새)가 되면 순둥순둥해지는 이 새는 왠지 착해 보이는 생김새만큼이나 맹금류 중에서도 상대적으로 약하게 보인다.

그런데도 '벌매'라는 이름을 갖게 된 이유가 있으니, 벌들에게는 세상 둘도 없는 공포의 대상이다. 벌매는 주로 말벌집을 털어 유충을 잡아먹는다. 먹고 남은 벌집은 통째로 뜯어가기도 한다.

제아무리 맹금류라고 한들 그 무섭기로 소문난 말벌이 주식이라니 놀랍다. 빈틈없이 빽빽하게 난 벌매 깃털 앞에 말벌 독침은 무색해질 뿐이다. 쏘이더라도 독 면역력이 강해 딱히 피해가 없다. 게다가 날카로운 발톱은 벌집을 움켜잡는 데 더없이 훌륭한 도구다.

이처럼 벌매는 타고난 신체적 강점을 활용하는 것은 물론이고 비상한 두뇌까지 활용한다. 벌매는 인간처럼 고기를 이용해 말벌 낚시를 한다. 이들은 새끼들에게 개구리, 도마뱀 등을 잡아다가 먹이는데 이때 고기를 조금 떼어내 근처의 나뭇가지에 걸어놓는다. 말벌이 고기를 떼어내 둥지로 가져가면 벌매는 그 말벌을 쫓아가 말벌 둥지를 찾아낸다. 말벌집을 찾으면 날카로운 부리로 말벌집을 파헤쳐 말벌 유충을 포식한 후 육아방의 일부를 찢어내 둥지로 가져가 새끼들에게 말벌 유충을 먹인다. 이때 말벌 둥지는 벌매의 발에 채 땅으로 떨어져 박살이 나는 경우가 태반이다. 벌새는 말벌집을 찾아내 말벌과 애벌레, 여왕 군집까지 싹쓸이 잡아먹어 버린다. 벌매가 쓸고 가면 아예 말벌 군락이 망할 정도라고 한다.

 사람이 맛집을 찾아내고 기억했다가 나중에 또 가서 단골이 되듯이 벌매도 한번 기억해놨다가 또 가서 맛나게 먹고, 집 일부를 잘라내서 둥지로 갖고 가 새끼들에게도 먹이를 준다.

 벌매는 매목 수리과의 조류. 몸길이 48m~61cm이다. 깃털은 짙은 갈색에서 거의 흰색이고 다양하다. 몸의 윗면은 대부분 짙은 갈색이고 아랫면에는 연한 갈색 세로무늬가 있다. 멱은 흰색을 띠고 갈색 세로무늬가 있다.

벌매는 시베리아와 중국 동북부에서 번식하고 인도 · 자바섬등지에서 겨울을 난다. 한국에서는 보기 드문 나그네새이다. 2012년 5월 31일 멸종위기 야생생물 2급으로 지정되어 보호받고 있다. 벌매는 매해 봄과 가을에 월동지에서 번식지로, 번식지에서 월동지로 한반도 전역을 통과하는 '나그네새'다. 아주 드물게 우포늪을 비롯하여 국내에서도 번식하는 개체가 발견되나 극소수다. 평소에는 혼자 살아가지만, 이동 시기에는 무리를 지어 비행한다. 주로 서해안과 남해안 섬 지역에서 벌매들을 관찰할 수 있다.

주변이 트인 산지 숲에 살지만, 이동 시기에는 어디에서나 볼 수 있다. 단독으로 생활할 때가 많다. 날 때는 말똥가리와 비슷하게 날며 공중에 멈춘 채 날기도 한다. 먹이로 개구리나 곤충도 잡아먹지만, 주식은 땅벌이다. 땅 위에서 부리나 다리로 벌집을 헤치고 그 속에 있는 유충이나 번데기을 먹는다. 낙엽 및 침엽수림에 둥지를 틀거나 다른 새(말똥가리나 참매)의 둥지를 이용해 5월 하순에서 6월 하순에 한배에 1~3개의 알을 낳는다. 알을 품는 기간은 30~35일이고 새끼를 먹여 기르는 기간은 40~45일이다.

맹금류는 국내에 50여 종이 살고 있지만, 벌매를 포함해 21종이 멸종위기종으로 지정돼 있다. 인천 옹진군 소청도에는 국립생물자원관 국가 철새연구센터가 있다. 국가 철새연구센터는 2019

년부터 매년 벌매 관찰 현황 자료를 바탕으로 기후 및 개체군 변화를 장기적으로 지켜보며 연구하고 있다.

 곤충계의 최상위 포식자인 말벌을 주식으로 하는 '벌매'의 존재는 경이롭다. 벌매가 주로 벌을 먹고 벌은 기후변화에 민감하다. 기후변화나 이상 위기가 가속화되면 벌매 또한 멸종위기가 닥칠 것이다. 멸종위기종을 포함해 지구상에 살아가는 모든 생물 하나하나가 가치가 있다. 평상시 주변 생물을 비롯해 기후 위기나 자원고갈 등 문제에 많은 관심을 가지면 자연스레 멸종위기종도 지켜나갈 수 있지 않을까. '자연 다큐'는 자연에 대한 새로운 사실을 일깨워주었다.

음악이 있는 곳에
박선옥 두번째 수필집

발문

밝음, 그리고 긍정으로 지은
견고한 수필집 한 채

차달숙(수필가/칼럼니스트)

| 발문 |

– 박선옥 수필집 『음악이 있는 곳에』
밝음, 그리고 긍정으로 지은 견고한 수필집 한 채

松韻 **차달숙**(수필가/칼럼니스트)
부산문학인 문예대학 수필지도교수

◼ 들어가며

문학은 언어를 통해 삶을 구체적으로 표현한다. 글 쓰는 사람들은 그 삶 속에서 다양한 의미를 찾고 만든다. 삶의 문제를 돌아보아 가치 있는 의미를 만들고 모자라는 부분을 채우면서 더 나은 세상과 삶을 만들고자 한다.

글 속에서 바쁜 발걸음 소리가 들린다. 집안 살림하는 주부로, 손주들 돌보는 할머니로, 직장인으로, 집으로 문학인으로 뛰어다니는 부지런한 사람이 보인다. 박선옥 작가의 살아가는 일상 모습이다. 때로는 강하게 때로는 섬세하고 여리게 그러나 허투루 내디디는 걸음이 한 걸음도 없다.

우리나라 현대수필의 개척자인 김소운 선생은 불후의 명수필 「피

딴 문답」에서 글 한 편 쓰려면 입시를 치르는 중학생마냥 긴장을 하게 된다고 읊었다. 비단 수필뿐일까. 서평 쓰는 필자의 심경도 영락없이 그렇다. 작가의 창작 의도를 어느 정도로 근사하게 담아낼 수 있을지 늘 긴장하게 된다. 서평의 좋고 나쁨에 따라서 아주 훌륭한 작품임에도 격이 떨어져 보이게 만들 수도 있고, 반대로 다소 허름한 작품일지라도 그 약점을 보완해 줄 수도 있기 때문이다.

이 같은 중압감에도 불구하고 한편으로는 필자의 서평이 독자들에게 작가의 작품에 대한 충실한 안내자 역할을 하게 된다는 생각으로 적지 않은 보람을 느끼는 것도 사실이다.

◼ 박선옥 작가의 작품세계

박선옥은 시인이면서 수필가다. 운문과 산문을 겸한다는 문학적 자산은 삶과 문학에 대하여 남다른 혜안과 인상미를 갖고 있다는 뜻이다. 이미 여섯 권의 시집과 첫 수필집을 통하여 어린 시절부터 지녔던 감수성과 이미지를 넘치게 보여주었다. 나아가 한 여인으로서 사회인으로서, 인간으로서 거친 세파를 극복하면서 특유의 포용력과 문학에 대한 열정도 키웠다. 그 미적 결실로서 첫 수필집 『살며 사랑하며』를 상재하였고 9년 만에 두 번째 수필집『음악이 있는 곳에』를 내놓는다.

이 책은 전 5부로 구성되어 있고 총 35편이다.

1부는「손 편지를 쓰고 싶은 날」외 6편으로 시적 발상으로 산문적 형상화를 이룬 서정적이고 시적인 글이요, 2부는 표제작「음악에 있는 곳에」외 6편으로 음악에 관한 글이다. 3부는「쉘위 댄스」등 영화배우와 영화 이야기다. 4부는「바위처럼 살다 가신 부모님」등 한 편의 드라마처럼 사실적으로 펼쳐진 삶의 기록인 가족사 이야기와 가족 여행기를 5부는「향기와 냄새」등 삶의 창조적 내포를 담고 있는 참신한 의식이 작품 속에 넘실거린다.

이상과 같이 이 수필집『음악이 있는 곳에』를 편집의 순서대로 고찰해 보았다.

수록한 글들은 대체로 주제의 유사성을 고려하여, 한 갈래씩 꾸며 보려고 한 노력이 보인다. 그러나 다른 사람들의 책들도 다 그러하듯이 그 글들의 성격이나 주제나 또 통시적인 분류 같은 것이 영판 딱딱 맞게 짜질 수 없듯이, 이 책의 글들도 일반적 형식에 따라 한 분야를 만들고 이에 대표적인 제목을 하나씩 부여해 보았을 뿐, 그 갈래의 글이 모두 다 그 분야의 제목에 아주 부합되거나 종속된 것이 아니라는 점도 밝혀둔다.

'예술'이란 근본적으로 사물이나 사건을 아름답게 꾸미는 일이다. 이 아름답다는 것은 감상자들의 마음을 정화해 주기 때문이다. 예술가가 그의 예술을 아름답게 꾸미는 데는 두 가지의 경우가 있다. 하나는 심리적 행위이고, 하나는 창작적 행위이다.

그중 창작적 행위라는 것은 예술가의 그 창조적 방법론에 따른 기교로 그 예술을 '어떻게 꾸미느냐'에 따라서 미적 쾌감을 주기도 하고, 그렇지 못하기도 하는 경우를 이르는 것이다.

이는 그 예술의 플롯에서부터, 적절한 재료의 사용, 표현의 기발함 등 여러 가지의 방법들을 들 수 있을 것이다. 예술이 주는 신선한 충격, 경이감(예기치 못한 감동), 돌발적인 당황함, 이런 일들은 다 감상자들을 기쁘게, 황홀하게 하는 충격들이다. 예술이란 충격을 주는 일이고, 그 충격은 인간을 아름답게 만들어 주고, 알지 못하던 것을 알게 해 주는 깨달음이 있는 충격이라야 한다. 예술가가 그의 작품을 이렇게 만들어내는 행위 자체가 예술이요 창조인 것이다. 이런 관점에서 박선옥의 작품을 갈래별로 분류하여 살펴보기로 한다.

1. 서정적인 감정을 표현한 시적인 수필

박선옥 수필 중에는 서정적인 감정 표현이 짙게 나타나 있는 수필 또는 시적인 표현 방법, 시적인 묘사나 시적인 언어로 쓰인 수필을 만난다. 이런 글은 독자의 가독성을 높여 줄 것이다.

'시적인 수법의 수필'은 그 표현 방법이나 내용 등이 자못 시적이며 간결하면서도 산뜻하고 군더더기의 말이 적은 특징을 가진다. 또한 언어의 표현이 정제되어 있고, 서정적 분위기가 실려있다.

〈참, 기분이 좋고 행복한 자산〉〈미소가 있는 하루〉〈마음에 담아두고 사는 길〉〈라일락 단상〉〈초여름 숲에서 들찔레 꽃을 바라보며〉〈손 편지를 쓰고 싶은 밤〉 작품에서 독자는 작가와 만날 수 있다.

-어제도 사막의 모래 언덕을 넘었구나 싶은 날, 지치도록 걸었는데도 길이 보이지 않는 날이 있습니다. 오아시스는 보이지 않고 모래바람만 몰아치는 것 같은 날, 초조하고 불안하고 막막하기만 한 날도 있습니다. 이대로 가다가는 결국 쓰러지고 말 것 같은 날이 있었습니다. 이런 날 '그래, 거기에 가라'하는 생각이 문득 솟구쳐 오르고, 거기에 가면 그래도 위로받을 수 있을 것 같은 숲길 하나 있으면 얼마나 좋겠습니까.

내 말을 가만히 들어주는 이와 몇 시간씩 편안하게 걸을 수 있는 오솔길, 그 옛날 그 사람. 나무 뒤에 숨어서 배시시 웃으며 기다리고 있을 것 같은 길. 사는 길이 늘 오르막길, 가파르게 올라야 하는 길만 있는 게 아니라는 걸 알게 해 주는 산길. 바위에 앉아 땀을 닦으며 편안히 쉬어 갈 수 있는 길. 그런 길 하나 지니고 살면 행복하겠습니다. (중략)

- 「마음에 묻어두고 사는 길」 일부

-연이틀 계속 봄을 재촉하는 비가 내렸습니다. 대지와 나무와 풀이 그 비를 맞고 있었습니다. 뭇 가지에 물고기알처럼 매달려 있던 은빛 빗물 방울들까지 쭉 들이마시고 있습니다. 나무들은 가벼운 포만감에 몸을 맡긴 채 흔들리고 있습니다. 그런데 가까이 가서 보니 이틀 동안 나무들이 가만히 비를 맞고 있었던 게 아닙니다. 줄기 맨 끝의 잔가지들을 닦고 있었던 겁니다. 나뭇가지만 제 몸을 닦은 게 아니라 빗물도 함께 가지를 문지르고 닦았겠지요.

빗물은 나무의 살갗만 닦아 놓은 게 아니라 안으로 들어가서 나무의 속살과 만나 인사하고 수다 떨고 돌아다녔지요. 흙으로 들어가 뿌리를 만나 잠들어 있는 것들을 깨운 뒤 물관을 타고 다니며 신이 난 빗줄기도 있었을 겁니다. 몸 안에 있던 나무의 생명은 봄비의 정령들과 만나 몸 구석구석에서 손잡고 입 맞추고 춤추었을 겁니다. 나뭇가지 이곳저곳에서 둘이 끌어안고 밤을 새웠을 겁니다. 나무 안에 있는 생명과 빗줄기 타고 내려온 하늘의 기운이 만나 사랑하는 동안 그 열기가 밖으로 배어 나와 나뭇가지가 푸르게 반짝입니다. (중략)

우리에게 봄이 과연 몇 번이나 허락될는지는 하늘만 헤아릴 수 있을 것입니다. 봄은 비록 가을과 겨울에 걸쳐있는다고 하더라고 마음은 늘 봄에서만 머물고 싶습니다. 햇빛과 비와 바람과 하늘이 꽃나무에 그러하듯, 남에게 환한 빛으로 승화될 수 있는 그런 사람이고 싶습니다. 강원식 시인의 시 「봄봄」이 마음에 와닿습니다.

봄에는 모든 것이 아름답다./ 꽃도/ 나비도/ 햇살도/ 바람도 /그리고/ 내 옆에 있는 너도
나무의 잠을 깨우는 봄비 같은 사람, 봄 편지를 쓰는 아름다운 여인이고 싶습니다.
 - 「손 편지를 쓰고 싶은 날」 일부

2. 음악에 관련 수필

박 작가는 세존사 합창단장을 지닌 이력의 소유자다. 표제작 〈음악이 있는 곳에〉를 비롯하여 〈왈츠 한 곡 추실래요〉 〈감사는 마음 속 음악〉 〈재즈 음악의 비밀〉 〈사운드 오브 뮤직〉 〈그래도 인생은 계속된다〉 〈비목 노래를 들으며〉 〈비둘기와 라팔로만〉 등이 음악 관련 수필이다.

-필자가 아는 불자佛子인 P 박사는 모진 병으로 2001년 대수술을 하고 2003년 재수술을 받았다. 의사에게서도 별 희망적인 소리를 듣지 못할 정도로 큰 병이었다. 처음에 낙담하다 기왕에 얼마 남

지 않은 인생이라면 '신나게 살다 죽겠다.'라고 결심하고 아침저녁으로 노래를 불렀다. 특히 희망적인 노래를 많이 불렀다. 그중 가장 애창곡이 신묘장군대다라니 찬불가였다. 이 곡은 들을수록 신묘한 기분이 들면서 마치 명상에 잠겨 드는 듯한 묘한 감정을 일으킨다. 그는 지금 건강하게 활동하고 있고 오히려 의사가 신기하게 생각하고 있다. 음악이 있는 곳에는 즐거움이 있고 화합이 있다. 그리고 음악은 인간에게 활력과 생명력을 높여 준다.

-「음악이 있는 곳에」일부

-어느 날 '바흐'가 학생들 앞에서 자기 곡을 연주했다. 연주가 끝난 뒤 한 학생이 '바흐'에게 다가와 이렇게 말했다. 오늘 선생님의 음악 들으니, 일주일간은 나쁜 짓을 못 할 것 같다.

이게 무슨 말인가. 음악을 들으면 주먹을 불끈하기도 했고 가슴을 쓸어내리기도 하지만 일주일간은 나쁜 짓을 못 할 것 같다니, 나는 충격을 받았다.

나는 시를 쓰고 수필을 쓴다. 나에게 내 작품을 읽은 사람이 '선생님 오늘 선생님의 시를 읽고 나니 1주일 만이라도 행복하겠습니다.'라고 하겠는가.

간혹 나에게 작품집을 받았던 이를 길에서나 다른 장소에서 만날 때가 있다. 그 사람이 나를 단번에 알아보고 내 시와 내 수필이 좋았다고 말한다. 그저 예의상 하는 말인가 하면 시의 내용까지 외우며 칭찬할 때는 나도 모르게 입이 귀에 걸린다.

우리는 세상을 살아오면서 사람을 감동하게 해 본 적이 얼마나

되는가. 일주일은 고사하고 잠시 잠깐이라도 감동을 줘, 본적이 있
는가. 우리는 학창 시절 자그마한 일에도 짧은 글에도 감동되어 가
슴이 먹먹했던 적이 많았다. 그런데 나이가 들고 세상살이에 시달
리다 보니 어지간해서는 가슴에 기별조차 오지 않는다. 삭막해진 건
지 속물이 된 건지 한심스럽다. 눈물은 고사하고 감동조차 없다.
ー「감사는 마음속 음악」

3. 영화 이야기와 배우 이야기 수필

박 작가는 영화 애호가로 배우들에 관한 관심도 많고 영화 감상 수필을 쓴다. 배우 이야기는 배우 10여명 중 〈배우 강효실〉과 〈배우 정한용〉을 가려 뽑아 실었다. 영화이야기는 〈졸업〉〈 쉘위 댄스〉〈이티〉〈사운드 오브 뮤직〉〈초원의 빛〉등 5편을 실었다.

-주인공 '스기야마'는 진정으로 춤을 사랑하게 된다. 그리고는 열
정적으로 춤에 다가간다. 그의 모습이 변한다. 매사에 힘도 없고 활
기차지 못하던 남편이 힘이 넘치고 표정과 어투가 변한다. 옷이 땀
에 젖고 알 수 없는 향내, 갑자기 변한 남편, 아내는 남편의 뒷조사
를 흥신소에 의뢰한다. 아내는 남편이 바람 난 것이 아니라 춤을 배
우러 다닌다는 사실을 알게 된다. 아내는 섭섭하다. 남편에게 왜 나
에게 그 이야기를 하지 않았는가를 따진다. 그다음 날 남편은 춤을
버린다. 그리곤 본래의 자리로 돌아간다. 힘없고 맥 빠지고 기계적

인 '스기야마'로. 일본이나 우리나라나 직장인의 삶은 무료하고 다람쥐 쳇바퀴 도는 삶이다. 이 영화를 처음 봤을 때는 단순히 직장인의 애환으로만 생각했다. '스기야마'의 아내 아키코의 마음이 읽혀진다. 댄스도 바람이라고 말하는 그녀의 외로움이 느껴진다.

흔한 통속 영화라면 춤바람-가정불화-패가망신으로 이어진다. 이 영화는 댄스 자체를 예藝와 도道의 경지로 끌어올린다. 그러면서 그의 춤바람이 샐러리맨의 생활을 더욱 윤택하게 하는 윤활유 역할을 하는 해피엔딩으로 끝난다.

'스기야마'의 춤에 대한 순수한 열정은 슬럼프에 빠져있던 프로 댄서 '마이'에게 뜻하지 않게 '왜 춤을 추는가"라는 근원적인 물음에 대한 해답을 제시했다.

춤이라고 하면 2000년대 초에만 해도 '꽃뱀에 제비' 왠지 냄새가 안 좋았다. 영화 '쉘위댄스'는 '스기야마' 부부에게 서로가 소통의 부재를 확인하는 계기를 마련했다. 소통은 인간관계에서 중요하다. 특히 부부간에 소통은 더욱 그러하다는 사실을 영화 '쉘위 댄스'는 말해주고 있었다.

- '영화「쉘위 댄스」중에서

4. 가정사와 여행 수필

〈어머니의 손재주〉〈시부모님과 함께 한 여행〉〈바위처럼 살다 가신 부모님〉〈윤슬 담은 햇살에 눈을 뜨는 햇잎처럼〉〈가을향기〉〈우즈베키스탄 여행기〉〈밀양 위양지를 찾아서〉등 7편의 수필이 있다.

-어머니는 22세에 외할머니의 중매로 해양경찰로 근무하는 청년과 결혼하게 되었다. 내가 2살 때에 아버지는 서해 바다에서 조업 중이던 중국어선을 단속하던 중, 중국해군의 기습 공격을 받고 강제로 납치되었다. 그 당시는 중국을 중공이라 불렀고, 우리나라와 적대시하는 관계였다.

아버지의 생사를 알 길 없는 우리 집에서는 몇 년 동안은 중공 땅에서 살아 돌아올 것으로 기대했다. 그러다 10년이 지나자 실망한 할아버지와 할머니는 아들을 기다리다 눈을 감지 못하고 세상을 떠나셨다.

그러던 어느 날 중국과 우리나라는 정식 수교를 하면서 아버지의 석방 소식이 전해졌다. 아버지가 중국에 납치된 지 12년 만이었다. 어머니는 아버지가 중국에 납치된 후 조선방직에 취업하여 딸 둘을 부양하였다. 내가 중학교 2학년이었고 동생이 초등학교 6학년이었다. 우리 집에는 신문사와 방송국 기자들이 취재차 몰려들고, 뉴스에 보도 되는 등 국민적 관심을 모았다. 학교에서도 나는 관심을 받는 아이가 되었고, 한동안 전국 각지에서 배달 된 위로 편지를 받기도 했다.

드디어 아버지가 귀국하는 날, 외할아버지 내외분과 외삼촌, 이모들을 비롯한 외갓집 식구들과 마중을 나갔다. 기자 아저씨들이 아버지와 만나는 장면을 취재하는데 아버지를 처음 보면서 어색해서 어떻게 해야 할지 몰라 당황했던 기억이 새롭다.

-「바위처럼 살다 가신 부모님」 중에서

5. 칼럼/ 교훈적인 이야기

　제5부 〈고통을 이겨내며〉〈인간의 욕망과 중도적 삶〉〈펜디믹 세상〉〈참된 우정과 믿음〉〈향기와 냄새〉〈먼저 잘해주기〉〈말벌 사냥꾼 '벌매'〉등 7편과 1부에 수록 된 〈참, 기분좋은 행복한 자산〉〈그래도 인생은 계속된다〉〈두 갈래길〉등 수필 작품이 이에 분류된다.

　위 작품에서는 신변잡기의 수필이 아닌 누구나 생각하게 하는 시대적 사명이나 공통된 인식을 들어내고 있다.

　그의 수필은 결코 화려하지 않을 뿐만 아니라 애써 지어낸 것 같은 미사여구도 보이지 않는다. 대신 소박하고도 담백한 맛이 넘치며 강한 감동과 꾸밈이 없는 진실한 메시지가 풍겨 나온다. 때문에 그의 수필은 독자의 심금을 올리는 영혼의 메시지가 되어 독자의 몸과 마음 힐링이 되어 주기도 하고 좋은 위로와 힘이 되기도 할 것이다.

　　－엄마는 홀로 두 딸을 키우면서 하던 작은 사업조차 실패하고 반지하 방에서 식당일, 허드렛일로 두 딸을 위해 몸을 아끼지 않고 하루 24시간을 일했지만 두 딸의 약값 대기조차 힘들었다.
　　어느 날 엄마는 약국에 가서 쥐약을 세 봉지 샀다. 그리곤 서울의 한 공원에 두 딸을 데리고 가서는 약봉지를 하나씩 끌어 내놓았다.

"얘들아 아무리 해도 너희들을 더는 키울 수가 없다. 지금 엄마 몸도 아픈데 만약 엄마가 죽고 나면 누가 너희들을 거두겠냐. 너는 보이지 않지 게다가 언니는 더 힘들지 우리 약 먹고 아빠 곁으로 가자." 그때 소영 씨가 "엄마, 안 죽으면 안 돼. 다시 한 번 생각해 보자."라고 말한다.

죽자는 엄마와 죽지 않으려는 딸, 그날 집으로 돌아온 소영 씨는 눈이 없는 대신 귀가 있다는 사실을 알게 된다. 보이지는 않지만 들린다는 것이다.
우리는 있는 그것보다 없는 것에 더 예민해야 하며 가진 그것보다 많이 가지지 않는 것에 더 분노한다. 이것도 없고 저것도 없고 아무것도 없다고 그러나 사실 자세히 나를 바라보면 없는 것보다 있는 것이 훨씬 많음을 알게 된다.

그날 이후로 소영 씨는 세상을 긍정적으로 바라보기 시작한다. 어릴 때부터 불 꺼진 예배당에서 피아노를 치고 예고를 거쳐 음악대학을 지원했으나 낙방, 그러나 2005년 한국예술종합학교 지휘과에 수석으로 입학한다. 그 후 그는 지휘자 과에서 성악과로 전과했다.(중략)

기자가 물었다. "눈도 보이지 않는데 어떻게 지휘하며 어떻게 연습했어요." 그러자 소영 씨는 이렇게 말한다. "눈은 없는데 귀가 있다고요. 그래서 모든 악보를 외었죠. 음악을 CD로 듣고 소리로 듣고 모두 외웠어요.
　소영 씨가 마지막으로 이렇게 말했다. "무척까지는 아니지만 행복해요."라고. 우리는 작은 행복을 무시한다. 다 가진 행복, 다 지닌 행복을 꿈꾼다.
　　　　　　ㅡ「참, 기분 좋은 행복한 자산」 중에서

　ㅡ아들의 사고 소식을 접한 아버지는 자신의 병원 문을 닫고 아들의 병간호를 자청한다. 병상에 누운 이글레시아스는 간호하는 아버지에게 소리를 지르며 불평을 한다.
　"아버지. 제가 어쩌다 이렇게 되었습니까. 누가 저를 이렇게 만들었습니까. 이런 장애인으로 사느니 차라리 죽게 해주세요."
　그러나 아버지는 그런 아들의 불평과 아픈 탄식 앞에 "아들아. 그래도 인생은 계속된다."라고 말하며 아들을 격려했다.
　긴 병상 생활 속에서 그는 라디오 듣기와 시 쓰기가 유일한 시간 보내기였다. 시의 주제는 대체로 슬프고 로맨틱한 내용이 대부분이었다고 한다.
　병상 생활 중 그를 간호하며 도와주던 남자 간호사 '일라디오'가 이글레시아스에게 기타를 선물한다. 무료함을 달래기 위해 받아든 기타, 코드를 배우고 노래를 부르며 삶의 의욕을 키운다.
　기적처럼 그의 몸은 회복하고 대학에 복학을 신청하지만 이미 제적이 된 상태다. 그는 음악대학에 편입을 한다. 그리곤 이어서 영국 케임브리지 대학에 법학을 공부하고 변호사자격을 취득한다. 부자 부모에 명문 집안에 명문대 출신에 변호사까지. 이 정도면 누구나 부러워할 살만한 인생이다.

그러나 그는 음악의 미련을 버릴 수 없었다. 1968년 스페인의 '베니 돔 국제가요제'에 출품을 한다. 자작곡인 'La Vita Sigual'로 우승을 하게 된다.

이 노래 하나로 그는 단숨에 스페인을 넘어 유럽, 아메리카 그리고 아시아를 건너 세계적인 가수가 된다. 노래가 그를 바꾼 것이 아니라 그의 아픈 인생의 이야기가 그를 바꾼 것이다.

'La Vita Sigual'이란 우리말로 '그래도 인생은 계속된다. life continues all the same.'이라는 말이다. 긴 병상 생활에서 지쳐 낙담 되고 슬퍼서 울 때마다 아버지께서 들려주시던 그말 '아들아. 그래도 인생은 계속된다.'

인생의 끈을 놓고 싶은 병상의 생활 속에서 아버지가 들려주시는 노래와 같은 말씀이 그에게는 힘이 되고 삶이 되었다.

이글레시아스의 노래는 사람의 마음을 열고 가정을 열게 했다. 우리는 오르막의 인생을 살기도 하고 때로는 내리막의 인생을 살기도 한다.

그리곤 어느 날인가 '그래, 인생. 한 번쯤 살아볼 만한 거야'라고 고개를 끄덕일 때가 올 것이다. 우리는 아파도 힘들어도 산다. '그래도 인생은 계속된다.' 이 말은 이 세상 누구에게나 힘과 용기를 준다.

- 「그래도 인생은 계속 된다」 중에서

우리 일상에서 향기로운 사람을 만나는 것 역시 그렇게 어렵지는 않습니다. 만원 지하철에서 힘겨워 보이는 승객에게 웃으며 자리를 양보해 주는 사람에게서 향기가 납니다. 매일 힘들게 일하며 모은 돈을 어려운 이웃을 위해 선뜻 내어주는 할머니에게 진한 향기를 느낄 수 있습니다.

  불의에 맞서 없는 힘이지만 모든 것을 바치는 약자들의 큰 용기에서 생전 처음 느껴보는 진정한 향기를 맡아봅니다. 우리가 살면서 해야 할 일들이 참 많습니다. 어떻게 살 것인가에 대한 고민도 참 많습니다.

  향기 나는 삶을 살고자 한다면 그 많은 해야 할 일들도, 고민도 간단하게 해결이 됩니다. 향기 나는 사람들로 향기가 넘치는 사회, 말만 들어도 행복하게 느껴집니다.

-「향기와 냄새」 중에서

  예부터 고부간의 갈등은 풀 수 없는 매듭처럼 생각하는 사람이 많지만 절대 그렇지 않습니다. 매듭을 풀지 못하는 것은 생각이 부족하고 지혜가 없기 때문입니다.

  며느리의 처지에서 시어머니는 참으로 고마운 분입니다. 사랑하는 남편이 시어머니가 없었다면 어찌 자신과 인연을 맺을 수 있었겠습니까. 반대로 시어머니의 처지에서도 며느리는 참으로 귀여운 존재입니다. 내가 낳은 귀한 자식과 짝이 되어 고생하는 것을 생각하면 매일같이 등이라도 다독거려주지 않을 수 없습니다. (중략)

  항상 존경할만한 것은 존경하고 섬길만한 것은 섬길 줄 알아야 합니다. 네가 먼저 널리 베풀고 두루 섬길 줄 알아야 합니다. 문제해결의 명약은 '서로 사랑'입니다.
'네가 먼저 베풀고 두루 사랑하며 연민하는 마음을 가져라. 그러면 천신天神도 칭찬할 것이다.' 유행경遊行經에서 부처님이 가르치신 세상사는 법입니다. 마음이 편안해지려면 이 말씀대로 살 일입니다.
　　　　　　　　　　　　　　　－「먼저 잘 해 주기」 중에서

◼ 나가면서

　작가란 자신의 삶을 글의 길로 바꾸는 사람이다. 글로 이루어지는 창작은 굴곡된 삶일수록 다채로운 색깔과 빛을 지니기 마련이다. 보통 사람들이 어둠의 시절을 울적하게 회상하고 행복한 한때를 아름답게만 기억하는 반면에 진실한 작가는 그늘진 길일수록 청초하게 그려내고 행복조차 언어 속에 조용히 담근다. 그 변용은 문학적 사치가 아니라 삶의 참모습이 있는가를 밝히는 조명이라고 할 것이다.

　문학의 길은 쉽지만 좋은 수필 쓰기는 절대 만만하지 않다. 붓기는 데로 쓰면 느슨해지고, 형식에 얽매이다 보면 감성이 부족해 삭정이처럼 뻣뻣하다. 꿈틀대는 의식을 완전한 내 것으로 만들기는 더 어렵다. 그런데도 일상생활 속에서 사람과 자연의 합일이란 담론을 끌어낸 그의 글은 상처받은 마음이 종주먹을 들어댈 때 읽고 싶은 수필이다. 박선옥 작가의 부드러운 예술적 취향은 쉽고도 어려운 작가의 길을 더 빛나게 할 것이다.

　박선옥의 '음악이 있는 곳에'는 방관자로서 적당히 비켜 앉아 안일하게 글을 쓰지 않고, 사람살이 속으로 뛰어들어 적극적으로 진지하게 사랑하고 살아가는 작가의 모습이 생생하게 그려져 있다. 소외된 이들이나 이웃에게 관심을 가지고 이해하려는 삶의 진정성을 보여준다. 작가는 언어를 통해 인간의 삶을 들여다보고 재해석하여 삶의 진실을 끄집어내고자 한다.
　그의 수필을 읽고 있으면 한 편의 긴 영화를 보는 듯 파노라마처럼 풍경이 펼쳐진다. 그것은 그의 작품들에서 굴곡 많은 인생의 궤적이 서사와 묘사로 적절히 어우러져 아름답고 정감 넘치게 그려져 있기 때문이다. 이 점이 그의 수필이 지닌 매력이기도 하다. 그녀가 살아가면서 남긴 흔적과 체온이다. 그것이 정서화되어 '밝음, 그리고 긍정으로 지은 견고한 수필집 한 채'를 이룬 박선옥 작가에 축하의 박수를 보냅니다.

음악이 있는 곳에

인쇄일 2024년 10월 05일
발행일 2024년 10월 10일

지은이 박선옥
펴낸이 박선옥
펴낸곳 도서출판 문심

등록번호 제2017-000012호
주소 부산시 수영구 수영로 668 810호 (광안동 화목O/T)
전화 010-2831-4523
메일 psok0403@hanmail.net

ISBN 979-11-90511-32-2 03800

값 15,000원